DORA GALL

NICHT UMSONST VERTRAUT

1981

VERLAG ERNST FRANZ METZINGEN WÜRTT

11. Auflage
ISBN 3 7722 0016 8

Schutzumschlag von Heinz Giebeler
Fotomechanischer Nachdruck

In meinen jungen Jahren wurde ich von lieben Freunden des öfteren gebeten, meine Erlebnisse niederzuschreiben; doch ich empfand keine Lust und hatte auch keine Zeit dazu. Mein Leben war, bis mich der Herr in den Hafen der Ruhe führte, ganz ausgefüllt und sehr bewegt. Inzwischen bin ich alt geworden, darf aber täglich auf meinem Posten stehen, und der Herr machte sein Wort an mir wahr: »Wenn sie gleich alt werden, werden sie doch grünen und frisch bleiben.«

Aus der Stille des Alters heraus möchte ich es nun wagen, mein Erleben mit Gott wiederzugeben — nicht mit hohen Worten, sondern einfach, wahr und ohne schmückendes Beiwerk, daß des Herrn Name dadurch verherrlicht werde.

Schon in früher Jugend hat mich Gottes Hand ergriffen, und bis heute ließ sie mich nicht mehr los. Unendliche Langmut und Geduld hat der Herr an mich wenden müssen, um das aus mir zu machen, was er sich vorgenommen.

Mein Wunsch und Gebet ist, daß doch alle, die dieses schlichte Zeugnis lesen, Lust bekämen, ihr Leben auch ganz in Gottes Hände zu legen und ihm die Führung zu überlassen. Dann erfüllt sich, was in Jesaja 9,5 geschrieben steht. Ja, er heißt Wunderbar und führt die Seinen wunderbar; verherrlicht werde sein Name!

Im Elternhaus

Meine Eltern hatten einen harten Kampf ums Dasein zu bestehen. Von ihren Eltern hatten sie ein kleines Gut mit einem baufälligen Haus übernommen, und wir waren zehn Kinder, wovon zwei früh starben. Mein Vater war Schuhmacher, und weil er kränklich war, eignete er sich nicht für die Landwirtschaft. Meine Mutter dagegen war eine stattliche, energische Frau und durch Gottes Gnade reich und vielseitig begabt. Wir wurden schon sehr früh zu allen leichten Hausarbeiten herangezogen. Sie verstand es, uns die Arbeit so beizubringen, daß wir Lust und Freude daran hatten. Jedes Kind hatte täglich seine bestimmten Verrichtungen in Haus und Hof zu übernehmen.

Da wir die meiste Zeit uns selbst überlassen waren, wurde mir die Betreuung der kleinen Geschwister anvertraut. Nicht selten kam es vor, daß ich die Mutter mit klopfendem Herzen erwartete, wenn mir irgendein Mißgeschick passiert war. Dieses Verantwortungsgefühl machte mich ernster und stiller als die andern. Wir wurden äußerst einfach erzogen. Wenn wir nur genug trockenes Brot bekamen, waren wir schon glücklich und zufrieden; Leckerbissen kannten wir nicht.

Zu Weihnachten gab es einen kleinen Christbaum, unter dem für alle sechs Mädchen eine einzige Puppe lag. Jedes bekam einen Lebkuchen und zwei Brötchen. So geschah es alle Jahre, und doch konnten wir den Christagmorgen kaum erwarten.

In der Erziehung übte unsere Mutter eine heilige Zucht. Wehe dem, der nicht aufs Wort gehorchte! In ihrer Gegenwart durften wir über niemand etwas Nachteiliges sagen oder uns über anderer Fehler aufhalten. Sie gebot uns sofort Schweigen mit den Worten: »Schau in dein eigen Herz, wie es da aussieht!«

Da sie auch Dorfschneiderin war, führte uns die Mutter schon mit Schulbeginn in die Geheimnisse des Nähens und Strickens ein; denn Arbeitsschulen gab es damals noch nicht. Sie lehrte uns auch dienstbereit und gefällig gegen alle Menschen zu sein. Ihr Spruch war: »Ihr müßt immer mehr tun, als man euch heißt; ihr müßt die Arbeit selber sehen und so tun, daß es niemand besser machen kann.« Dieser Rat kam mir in meinem Leben teuer zu stehen; denn die Mutter wußte nicht, wie eigennützig die Menschen sind und wie die Arbeitskraft anderer oft ausgenützt wird.

Eine Viertelstunde von unserem Dorf Waldhausen (bei Geislingen) entfernt war ein gräfliches Gut. Wenn die Mutter dort allemal die Wäsche bügelte, besorgte sie in aller Frühe den Haushalt; das Mittagessen wurde fertig in den großen Kachelofen gestellt und das Brot in die Schublade gerichtet, so viele Kinder, so viele Stücke. Die Älteste fing beim Kleinsten an auszuteilen, ihr blieb dann das größte Stück. Mehr gab es nicht, aber immer genau zur gleichen Zeit. Kaum gingen wir in die Schule, wurden wir nachmittags auch auf den Hof geschickt, um leichte Arbeit zu verrichten. Wir bekamen dafür das Mittagessen und dreißig Pfennige, die wir voll Freude der Mutter brachten; denn unsere Eltern mußten mit jedem Pfennig rechnen.

Für die große Kinderschar reichte die Brotfrucht nicht aus. Unsre Eltern mußten deshalb noch Land kaufen, natürlich auf Schulden, die in Teilabzahlung mit hohen Zinsen abgetragen werden mußten. Der Gläubiger war ein unbarmherziger Mann, sofort bereit, eine Kuh zu pfänden. Die Eltern setzten alles ein, seinen Forderungen gerecht zu werden, und unter äußerster Mühe und Entbehrung gelang es ihnen auch.

Meine Mutter stellte ihre Hoffnung immer auf den lebendigen Gott und rechnete mit ihm. Ich höre sie heute noch loben und danken beim Abladen des letzten Garbenwagens. Im Spätherbst, wenn alles eingeerntet war, begann die Druschzeit. Die Brotfrucht wurde mit dem Flegel ausgedroschen, und mit Tagesanbruch mußten wir drei großen Geschwister jeden Morgen für eine Stunde zum Dreschen antreten. Schnell wurde darnach gefrühstückt; es gab Schwarzbrotsuppe oder Hafermus. Dann ging es rasch zur Schule, wo wir sehr gern und ruhig auf unseren Schulbänken saßen, nicht wie die andern, die kaum aus ihren Federn geschlüpft waren. In der Pause um neun Uhr sprangen wir heim; denn im Ofen wartete ein Topf mit Kaffee auf uns. Die Schüsseln mit eingebrocktem Brot und ein ganz klein wenig Zucker obendrauf standen bereit. Das schmeckte uns immer ganz wunderbar. Milch bekamen wir selten zu trinken, denn sie brachte die einzige Einnahme. Sie wurde in der Molkerei abgeliefert und ergab zwanzig bis dreißig Mark Einnahmen im Monat. Trotz der einfachen Kost, vielleicht gerade deswegen, waren wir doch alle viel kräftiger und gesünder als die anderen Dorfkinder.

Die Mutter verstand es, die Arbeit so geschickt einzuteilen, daß sich täglich alles wie am laufenden Band abspielte. Wir wurden zu allen Arbeiten herangezogen, Schonung gab es keine. Die Mutter ließ es an nichts fehlen, brauchbare Menschen aus uns zu machen.

Alle Bekümmerten oder solche mit äußeren Beschwerden kamen zur Mutter. Sie hatte immer und für alle Zeit, um ihnen mit Rat und Tat beizustehen; nie sah man sie in Hast und Eile.

Die Zigeunerplage war damals sehr groß. Die Zigeuner lagerten vor dem Dorfe, und kein Haus blieb von ihnen verschont. Wir Kinder fürchteten uns und schlossen Türen und Fenster. An einem kalten Wintertag gebar eine junge Zigeunerin ein Kind. Sie hatte schon eine ganze Herde, und nun fehlte es ihr an allem. Sie ging von Haus zu Haus, um ein Bettchen für das Kleine zu erbetteln. Die großen Bauern hatten viele Gänse und Enten; aber keine Bäuerin erbarmte sich über die Frau. Weinend kam sie nun zu uns, sah die Stube voll Kinder und wagte kaum ihre Bitte vorzubringen. Ohne viel Worte zu machen, schenkte Mutter ihr ein Bettchen von unserem Kleinsten. Mit vielen Dank- und Segensworten eilte die Zigeunerin wieder zu den Ihren.

Mutter hatte immer ein liebevolles Herz und eine offene Hand; nie ließ sie einen Bittenden oder Hungrigen leer ausgehen, auch wenn wir selber nicht mehr viel hatten. Durch die vielen »Vergelt's Gott« ruhte ein geheimer Segen auf unserem Hause. Oft waren wir Kinder unzufrieden, wenn andere so gute Butter- und Marmeladebrote aßen. Dann konnte Mutter sagen: »Kinder, ihr habt es doch so gut! Ihr müßt nach denen schauen, die noch weniger haben als ihr; dann könnt ihr immer fröhlich sein.«

Bei solchen Gelegenheiten lehrte sie uns den Spruch: »Liebes Kind, bleibe gern im niedrigen Stande; das ist besser denn alles, danach die Welt trachtet. Je höher du bist, je mehr dich demütige, so wird dir der Herr hold sein; denn der Herr ist der Allerhöchste und tut doch große Dinge durch die Demütigen.« Sie sorgte dafür, daß diese Wahrheit sich tief in unser Herz prägte.

Wenn wir mit anderen Kindern stritten, fanden wir bei Mutter nie Recht. Da hieß es: Zum Streiten müssen immer zwei sein; also seid ihr auch schuld. Wenn wir in der Schule Strafen bekommen hatten, wollten wir es unsere Mutter nicht wissen lassen; denn dann setzte es regelmäßig nochmals etwas ab. Heute ist leider vielfach das Gegenteil der Fall, weshalb auch die Jugend oft so zuchtlos geworden und jede Achtung und Ehrerbietung vor Eltern und Lehrern verschwunden ist.

Mit sieben Jahren kam ich auf den Hof des Schultheißen, die Kinder zu betreuen. Die Bäuerin ging nachmittags mit aufs Feld, und ich war dann mit den Kindern und einem großen Hofhund, der an der Kette lag, allein. Der Nachbar hatte drei Kinder im gleichen Alter wie wir; aber sie waren nicht sehr begabt. Das machte sein Herz voll Neid und Haß gegen mich. Unser Hund riß sich oft selbst von der Kette los, und der Nachbar beschuldigte mich dann dafür. Das tat meinem jungen Herzen so weh, daß ich in meiner Not zu Gott betete. Doch wiederholte es sich noch oft.

Ein anderer Kummer drückte mich damals noch. Die Knechte und Mägde legten sich einen Teil ihres Fleisches vom Mittagessen zum Vesper in die Schublade; die Größe der Portionen war schon so berechnet. Nun kam es immer wieder vor, daß ein Stück fehlte, und natürlich mußte ich die Schuldige sein. In dieser Not nahm ich meine Zuflucht zu Gott, sagte aber niemand etwas davon. Da kam ein Tag, an dem Gott meine Unschuld ans Licht brachte. Der fünfjährige Junge des

Hauses wurde von seiner Mutter überrascht, als er, auf einem Stuhl stehend, Fleisch aus der Schublade nahm. Wie froh war ich und wie dankte ich Gott, daß er mich so sichtbar erhört hatte! Im Herbst durfte ich wieder nach Hause.

In der Passionszeit wurde jeden Abend aus einem großen, in Schweinsleder gebundenen Buche eine Auslegung über die Leidensgeschichte gelesen. Wir großen Kinder durften dabei sein. Die Auslegung machte einen so tiefen Eindruck auf mein Kindergemüt, daß ich heute noch vieles davon weiß. Wenn die Abendglocke läutete, ließ die Mutter alle Arbeit liegen und versammelte uns Kinder zum Gebet.

Der erste Schritt ins Leben

Als meine kleinen Geschwister schon allerlei Arbeiten verrichten konnten, wurde ich zu Hause entbehrlich. Eine Bäuerin, die schon längst ihr Augenmerk auf mich gerichtet hatte, wollte mich als Kindermädchen haben. Die Eltern willigten ein. Ich war damals neun Jahre alt. Die Mutter entließ mich mit ihrem Segenswunsch: »Bleibe fromm und halte dich recht, denn solchen wird's zuletzt wohl gehen!« In der ersten Zeit schlief ich noch zu Hause; später mußte ich ganz dort sein, damit man mich recht früh am Tag schon zur Hilfe haben konnte. Damit begann für mich der Ernst des Lebens. Ich hatte ein kleines Mädchen zu betreuen, ein sonderbares Kind. Es entwickelte sich nur langsam, und bald stellte sich heraus, daß es nicht normal war. Das Kind war nur eine Masse. Sein

Kopf wurde immer größer, und gehen lernte es nie. Alle Kunst der Ärzte und Heilpraktiker war erfolglos. Die Pflege des Mädchens wurde ganz in meine Hände gelegt. Es war für mich junges Ding zu schwer zum Heben und Legen, doch liebte ich das arme Mariele wegen seiner Hilflosigkeit.

Dazu hatte ich noch eine andere Sorge. Die Großmutter der Familie hatte epileptische Anfälle. Sie schrie dabei markerschütternd in anschwellenden Tönen, wurde wie vom Blitz zu Boden geschleudert und schäumte aus dem Mund. Nachmittags wurde ich mit ihr und den Kindern allein gelassen. Die Bäuerin ging lieber aufs Feld, weil sie sich vor der Großmutter fürchtete. Der Großvater gab mir Verhaltungsmaßregeln: »Wenn sie auf das Gesicht fällt, mußt du sie umdrehen und ihr mit einem Schlüssel die Zähne aufbrechen, damit sie nicht erstickt.« Wie froh war ich, daß ich zu Hause beten gelernt hatte! Wo hätte ich sonst Zuflucht finden können in meinen Ängsten und Nöten. Die Nachmittage waren lang. Oft kniete ich nieder und sagte: »O lieber Gott, laß doch die Großmutter nicht fallen, solang wir allein sind!« Dann kam allemal eine wunderbare Ruhe über mich. Gott erhörte mein kindliches Flehen und bewahrte die Großmutter, daß sie in den fünf Jahren nicht ein einziges Mal ihren Anfall bekam, solang ich allein mit ihr war. Das stärkte mich in meinem Glauben und meiner kindlichen Liebe zu Gott.

Mit anderen Kindern kam ich nur in der Schule zusammen; ich hatte auch keine Freundin. Umsomehr beschäftigte ich mich mit mir selbst und wuchs so allmählich in den Umgang mit Gott hinein. Ich hatte ein altes Buch auf dem Speicher gefunden, mit dessen Hilfe sich manches Rätsel in meiner Seele löste. Ich beobachtete die Menschen, fand aber keinen, der so lebte, wie es in diesem Buche stand. Lang glaubte ich, wenn sie zum heiligen Abendmahl gehen, kämen sie anders heim; aber ich machte in dieser Hinsicht bittere Erfahrungen. Meinen Seelenzustand verriet ich niemand. Auch von meinen Erfahrungen und Gebetserhörungen schwieg ich.

So reihte sich Jahr an Jahr. Die Großmutter starb nach einer sehr schweren Leidenszeit. Auch das Mariele wurde, als es fünf Jahre alt war, erlöst; doch blieb weiterer Kindersegen nicht aus.

Zu allen Arbeiten in Haus und Feld wurde ich herangezogen. Um sechs Uhr in der Früh mußte ich in zwei großen Kannen die Milch von den vielen Kühen in die Molkerei tragen; aber die Bäuerin dachte nie daran, mir ein Täßchen voll einzuschenken. Zum Lernen hatte ich keine Zeit; auch mußte ich, wenn man viel Arbeit hatte, in der Schule oft anhalten. Der Lehrer erlaubte es gern, weil ich trotzdem eine seiner besten Schülerinnen war. Er sagte meistens: »Was wir heute haben, kannst du schon lange.«

Die Bäuerin war meiner Mutter gegenüber voll Lobs über mich; denn ich tat immer mehr, als verlangt wurde, wie die Mutter es uns gelehrt hatte. Der Bauer erzählte den Leuten mit Genugtuung: »Das Mädel ersetzt mir eine Großmagd.«

In meinem zwölften Lebensjahr entdeckte meine Mutter zu ihrem Schrecken, daß mein Rückgrat gekrümmt war, wodurch das rechte Schulterblatt hervortrat. Man wollte mich in eine Klinik tun, aber es wurde nichts daraus. Im letzten Schuljahr nahmen mich die Eltern wieder nach Hause.

Im Konfirmandenunterricht hatten wir einen sehr ernsten, gläubigen Pfarrer, der uns auf betendem Herzen trug. Seine Stunden waren Balsam für meine Seele. Den Tag meiner Konfirmation vergesse ich nie. Ich war tief bewegt, sprach aber mit niemand über mein innerstes Empfinden. In der oberen Kammer warf ich mich auf meine Knie und betete den Vers:

Du durchdringest alles;
laß mein Herz auf Erden
Dir ein Heiligtum noch werden!
Wie die zarten Blumen
willig sich entfalten
und der Sonne stille halten,
laß mich so still und froh
Deine Strahlen fassen
und Dich wirken lassen!

Mein Denkspruch Jesaia 54, 10 hat sich in meinem Leben reichlich erfüllt: »Es sollen wohl Berge weichen und Hügel hinfallen, aber meine Gnade soll nicht von dir weichen, und der Bund meines Friedens soll nicht hinfallen, spricht der Herr, dein Erbarmer.«

Nach der Konfirmation ließ die Bäuerin meiner Mutter keine Ruhe, bis sie einwilligte, mich ihr noch ein Jahr zu geben. Als aber meine ältere Schwester in eine Stelle und mein Bruder in die Lehre kam, war ich wieder zu Hause nötig; doch sollte es nicht lange dauern.

Als ich sechzehn Jahre alt war, wurde ich auf wunderbare Weise ohne jegliches Dazutun von der Heimat weggeholt. Vom gräflichen Schloß Eybach kam immer ein Mädchen zu uns, um Buttermilch für die kranke Frau Gräfin zu holen. Das Mädchen wollte heiraten und mußte Ersatz stellen. Die Frau in der Molkerei empfahl mich; die Mutter wollte aber lange nicht einwilligen. Natürlich war ich begeistert, nun in die Fremde zu dürfen und gar ins Schloß.

Gleich anderen Tags machte ich mich auf den Weg, um mich bei der Frau Gräfin vorzustellen. Ein Diener in dunkelblauer Livree mit Silberknöpfen empfing mich. Er betrachtete mich von oben bis unten und fragte: »Was willst du?«

»Ich will die Gräfin sprechen!«

Das Herz klopfte mir, als ich durch die vielen Räume zu der alten Dame geführt wurde. Sie betrachtete mich mit Wohlgefallen und sagte: »Wenn du in acht Tagen kommen kannst, dann freue ich mich.«

Während dieser Zeit erkundigte sie sich bei meinem Pfarrer über mein inneres und äußeres Leben. Er stellte mir das beste Zeugnis aus, und acht Tage später stand ich schon in der großen Schloßküche. Die Mutter entließ mich mit Segenswünschen und Ermahnungen, die mich durch mein ganzes Leben begleiteten und von mir beherzigt wurden.

Im Schloß war ich in eine ganz neue Welt versetzt. Ich mußte den Kopf ganz dabei haben, um allem und allen gerecht zu werden. Das gab mir Gelegenheit, mich tiefer mit dem Herrn zu verbinden und meine Hilfe von ihm zu erwarten. Ich tat, was in meinen Kräften stand, um mir das Vertrauen von jedem einzelnen zu erwerben. Nie war mir etwas zuviel. An mein verkrümmtes Rückgrat, das mich bei der vielen Arbeit oft sehr schmerzte, dachte niemand, denn ich hielt mich sehr aufrecht und schonte mich nie. So war ich bald der Liebling der Herrschaften, und sie schenkten mir volles Vertrauen.

Die Köchin, die lange Jahre im Schloß tätig gewesen war, war alt und krank geworden. Daß ich nun so große Freude am Kochen hatte und alles schnell begriff, konnte sie nicht ertragen. Wenn sie etwas Besonderes zu machen hatte, dann schickte sie mich immer fort ins Dorf zum Einkaufen, und fragte ich sie über etwas, dann bekam ich nie Auskunft. Sie war oft krank. Da pflegte ich sie stets mit aller Liebe und suchte sie zu gewinnen; aber ihr Ehrgeiz ließ mich nicht aufkommen. So ging es eineinhalb Jahre. Es war nur gut, daß ich den Rat meiner lieben Mutter immer treu befolgte: »Ihr müßt mit den Augen stehlen«.

Auf den Geburtstag der Frau Gräfin wurde die Köchin wieder krank, weshalb ich allein die Geburtstagstorte backen und das Diner kochen mußte. Ich flehte den Herrn um Hilfe an, und er ließ mir alles über Erwarten gelingen. Wie dankte ich meinem Gott dafür! Dies war meine erste Feuertaufe. Alles war überrascht und hochbefriedigt. Der alte Herr schloß mich besonders in sein Herz. Nach der Kirche machte er immer einen Besuch in der Küche bei mir und freute sich, wenn alles so funkelte. Das war immer meine größte Freude, wenn er sich so väterlich zu mir setzte.

Ermutigt durch das gelungene Geburtstagsdiner wollte man mich mit meinen siebzehneinhalb Jahren in die Hofküche nach Stuttgart schicken, damit ich dort das Kochen von Grund aus erlerne. Darüber freute ich mich riesig; doch es sollte anders kommen. Gott ließ mich nie auf Höhenwegen wandeln; sein Plan war, mich in immerwährender Abhängigkeit zu halten und mich selbst zu lehren.

Schon längere Zeit fühlte ich mich nicht mehr recht wohl, ließ aber niemand etwas merken. In einer schrecklich durchlebten Nacht brachen Magengeschwüre auf. Der Arzt war erstaunt und verwundert zugleich, daß ich bis zu diesem Tage hatte arbeiten können. Ich war getrost und still. Im Krankenhaus durfte ich natürlich nur Schleimsuppe essen und mußte strenge Ruhe halten. Nach drei Wochen ließ ich dem Arzt keine Ruhe mehr, bis er mich wieder heimließ. Die jüngste Comtesse hatte Hochzeit, und da mußte ich doch dabei sein. Hohe Herrschaften, auch die Königin, wurden dazu erwartet.

Das Diner des bestellten Küchenchefs war nicht zur Zufriedenheit des jungen Grafen ausgefallen, weshalb er ihn um vier Uhr wegschickte. Ich werde diesen Tag nie vergessen. Obwohl ich noch sehr schwach und elend war, wurde nun die ganze Verantwortung auf mich gelegt. Auf acht Uhr war das Abenddiner angesagt. Wie ich alles allein fertig brachte, ist mir heute noch ein Rätsel; aber die kurzen Augenblicke, während derer ich meine Augen zu den Bergen aufheben konnte, von denen mir immer Hilfe kam, versäumte ich nicht. Die Herrschaften hielten es für selbstverständlich, daß ich sie nicht enttäuschen werde. Durch mehrere Lakaien wurde doppelt serviert und, wie durch eine unsichtbare Hand geleitet, gelang alles wunderbar. Niemand dachte jetzt mehr daran, mich weiterlernen zu lassen, es wäre ja auch kein Ersatz für mich dagewesen. Das trieb mich an, in *steter* Abhängigkeit von Gott zu bleiben, denn ich wußte oft weder aus noch ein. Doch sang ich in der Morgenfrühe immer mit frohem Herzen: »Mit dem Herrn fang alles an«, und zur vollen Zufriedenheit der Herrschaften hat der Herr das mit ihm angefangene Tagewerk mich jedesmal auch vollenden lassen.

Die Gräfin war leidend. Sie kam höchstens einmal im Jahr in die Küche. Unter der Dienerschaft war öfters Wechsel; so hatte ich bald die Verantwortung über das ganze Haus zu tragen.

Wir hatten eine fromme Waschfrau. Sie war eine Tatchristin und gewöhnte mir mit lieben Worten alle Untugenden ab, die sie an mir entdeckte, zum Beispiel das »Ach Gott!«-sagen und noch viele Dinge, die andere Menschen gar nicht beachten.

In einem kleinen, kinderreichen Hause kamen die paar lebendigen Christen des Dorfes zusammen. Öfters lud mich unsere Waschfrau ein; doch ich sträubte mich, waren es doch die Verachteten im Dorf. Endlich überwand mich ihre Liebe. Eine neue Welt schloß sich mir auf. Mein Herz war ja längst zubereitet, aber den klaren Weg zu einer bewußten *Übergabe* an Gott hatte mir noch niemand gezeigt. Ich war überwältigt von den Gebeten der Gläubigen, von der Freude und dem heiligen Ernst, der auf dem Manne Gottes lag. Schon am ersten Abend machte ich eine völlige Übergabe an den Herrn, stellte mein Leben ins Licht seines heiligen Angesichtes und wurde meines Heils gewiß. Tiefer Friede erfüllte mein Herz. Im Schloß konnte ich meine Freude nicht verbergen und meinte, nun müßten alle das Gleiche erleben wie ich; ich wurde aber enttäuscht, und das war gut für mich. Man kann ja nur am Gegenteil erstarken.

Trotz all der herrlichen Erfahrungen, die ich in meinem bisherigen Glaubensleben hatte machen dürfen, hatte ich doch noch ein sehr starkes Selbstbewußtsein und konnte Unrecht nicht ertragen. Meine Gräfin war sehr nervös. Wenn es dann einmal eine Szene gab, dann ließ ich sie einfach stehen. Nach jenem Abend zeigte mir der Herr Stück für Stück, was ihm in meinem Leben zuwider war. Ich schämte mich und beugte mein stolzes Herz unter seine gewaltige Hand.

Von den Gebeten der Gläubigen wurde ich getragen, und nach kurzer Zeit war eine große Umwandlung an mir wahrzunehmen. Meine Gräfin wußte von dem allem nichts; aber mit meinem lieben alten Grafen tauschte ich meine Gedanken und Erlebnisse aus. Eines Tages fragte sie ihn: »Sag, was ist denn mit Dorle los? Sie ist so ruhig und still und hat sich ganz verändert?« Kurz, wie es seine Art war, antwortete er: »Das Dorle hat Frieden gefunden!«

Einmal wurde ich im Haus gesucht. Der junge Graf war

gerade auf Besuch da. Er meinte: »Die wird wieder beim Vater zum Beten sein!« Die Bibel war mir nun ganz neu, die Worte wurden lebendig, es fiel mir wie Schuppen von den Augen, und ich durfte es erleben: »Der Geist ist's, der lebendig macht«; doch der Nachsatz: »Das Fleisch ist nichts nütze«, blieb mir noch lange verborgen. Mein Leben trug den Stempel: »Ich und Er«.

Die Freude und Gewißheit, daß ich nun des Vaters Kind und Erbe war, ließ mich die Schwierigkeiten des Alltags leicht überwinden. Wenn ich Unangenehmes auszufechten hatte, suchte ich mein stilles Plätzchen auf, und nie mußte ich leer ausgehen. Der Himmel war für mich offen, und mein Vater gab seinem Kind selber die Ausrüstung zum Kampf. Wunderbares durfte ich oft erleben. Ja, die Siege sind des Herrn; und »wenn jemandes Wege dem Herrn wohlgefallen, macht er auch seine Feinde mit ihm zufrieden«.

Vor meiner Bekehrung hatte ein ernster junger Mann um mich geworben. Da ich damals schon gewohnt war, alles vor dem Herrn auszubreiten, erwartete ich im ernsten Gebet die Entscheidung von ihm. Als ich völlige Gewißheit hatte und stille geworden war, gab ich ihm das Jawort und war sehr glücklich. Nach meiner völligen Hingabe an den Herrn kam ich aber in Konflikte und empfand das Verlöbnis wie einen Fremdkörper, weil mein Herz von Jesu Liebe ganz entzündet war.

Kurz entschlossen schrieb ich meinem Bräutigam, mein Leben habe eine andere Richtung bekommen, Jesus nehme nun den ersten Platz in meinem Herzen ein, er möge es sich überlegen, ob er an zweiter Stelle stehen wolle. Auf ein freudiges Ja mußte ich nicht lange warten; Jesus war nun der Erste in unserem Bunde.

Mein Verlobter war der Älteste von sechs Geschwistern. Die Mutter war Witwe und lebte von einer kleinen Beamtenpension. Dadurch hatte er den Ernst des Lebens früh kennengelernt.

Während der sieben Dienstjahre im Schloß hatte ich nie einen Ferientag gehabt, sondern nur alle vierzehn Tage sonntags vier Stunden freibekommen, in denen ich mir selber gehören durfte; sogar an meinem Verlobungstag hatte ich abends Dienst tun müssen. Später sah ich ein, daß ich durch meine übergroße Pflichttreue, welche mit Ehrgeiz gepaart war, viel selbst schuld an dieser Einrichtung gewesen war; doch so hatte es uns die Mutter gelehrt. Dadurch kam es aber, daß ich, als wir heirateten und nach Esslingen zogen, ziemlich verbraucht war.

Der Abschied von meinem lieben alten Grafen fiel mir sehr schwer, denn bei seiner körperlichen Schwäche und anderen Beschwerden hatte ich ihm manche Handreichung tun dürfen. Da auch er den Herrn Jesus lieb hatte, hat uns diese Liebe innerlich verbunden. Über sein weiteres Ergehen habe ich nichts erfahren, nur daß er sich einmal äußerte: »O, das liebe Dorle hat den ganzen Frieden und Segen mitgenommen.«

Ehe und Witwenstand

Tiefe Freude erfüllte mein Herz, als wir unser Leben im eigenen Heim selber gestalten durften. Wir enttäuschten uns gegenseitig nicht. Unser Glück wurde immer reiner und tiefer. Bald nach unserer Verheiratung brach auch mein Gatte völlig mit der Welt und wandelte mit mir auf dem schmalen

Weg. Seine Angehörigen waren mir dadurch nicht mehr wohlgesinnt, aber wir liebten sie weiter.

Meines Mannes Herz war so von Jesu Liebe erfüllt, daß auch seine Mitarbeiter und Lehrjungen es zu fühlen bekamen und ihn überaus achten und schätzen lernten. Er überforderte keinen in der Arbeit, und seine Strenge gegen die Gewissenlosen war immer mit Liebe gepaart. Zu einer Erfindung, die er gemacht hatte, mußte eine Maschine konstruiert werden. Er war der jüngste Werkführer. Weil er den weltlichen Vereinen und Veranstaltungen den Abschied gegeben, hatten sich seine Kollegen alle von ihm abgewandt. Sie waren nun sehr gespannt, ob er das angefangene Werk hinausführen werde. Die erste Probe mißlang, worüber sich alle freuten. Er ließ eine Änderung an der Maschine vornehmen und flehte innerlich zum Herrn. Dieser zweite Versuch gelang nun über Erwarten gut. Da spotteten seine Kollegen: »Du hast jetzt wohl gebetet?« »Ja, das tat ich«, war seine offene Antwort.

Nach einem Jahr schenkte uns Gott ein gesundes Töchterchen. Dank und Freude erfüllte unser Herz; doch in der Welt darf ja nichts vollkommen sein. Wenig später fühlte sich mein Mann nicht mehr recht wohl; er war oft sehr müde und verlor den Appetit. Der Arzt behandelte ihn als magenkrank.

Im Herbst besuchte uns meine junge Gräfin. Sie freute sich so recht über unser Glück. Nach acht Tagen kam ein Brief von ihr voll Wehmut und Sorge. Sie schrieb darin: »Ach liebes Dorle, möge doch der liebe Gott Euch Euer Glück erhalten! Es ist fast zu groß für diese Welt.« Wir waren beide erstaunt; aber sie sollte Recht behalten: nur ein Jahr und acht Monate dauerte unser Glück.

Acht Tage später kam mein Gatte tiefbetrübt nach Hause und sagte: »Mutter, ich sehe auf einmal ganz schlecht.« Er ging zum Augenarzt. Dieser stellte eine schwere Nierenerkrankung fest. Wie gut, daß wir einen freien, offenen Zugang zum Vaterherzen hatten! Dorthin flüchteten wir uns mit der großen Not, die uns getroffen hatte. Vor dem Angesichte Gottes wurden wir getröstet und konnten mit Hiob sagen: »Haben wir Gutes empfangen von Gott und sollten das Böse nicht auch annehmen?« Bis dahin hatte uns der Herr in Seilen der Liebe gehen lassen und schwere Proben von uns ferngehalten; nun aber sollte unser Glaube in Feuersglut bewährt werden. Mein Denkspruch Jesaja 54, 10 begann sich zu erfüllen. Berge und Hügel fingen zu weichen an; dafür aber setzte seine Gnade umso mächtiger ein.

Als wir noch nicht in Not und Sorge waren, hatte ich öfters auf Spaziergängen mit alten Gotteskindern das Gespräch auf göttliche Dinge zu lenken gesucht. Mein Herz hungerte immer darnach; ich war aber bitter enttäuscht worden und lernte dadurch, umso inniger die Gemeinschaft mit Jesus im Alltag zu pflegen. Klar sah ich des Vaters Liebeswalten in unserer Erziehung, wie er selbst uns auf die Proben vorbereitete und uns dadurch vor frommer, gleichgültiger Schläfrigkeit bewahrte.

Die kurze Zeit unserer Ehe war uns ein vom Herrn geschenktes Patmos. Wir erlebten mehr Glück und Freude als viele andere in einem langen Zusammenleben. Dann kam für mich die Gethsemanestunde. Schwer rang es sich von meinem Herzen: »Vater, ist's nicht möglich, daß dieser Kelch vorübergehe, so geschehe Dein Wille!« Alles hätte ich daran gegeben und dem Herrn zur Verfügung gestellt. Ich war damals noch so unerfahren mit meinen fünfundzwanzig Jahren und hatte noch nicht erkannt, daß Gott ein eifriger Gott ist und das Liebste, den Isaak, fordert.

Das Leiden meines lieben Gatten steigerte sich. Lange und bange Tage und Nächte reihten sich aneinander; aber nie kam eine Klage über seine Lippen. Das Wort Gottes war unser Trost und die Kraftquelle zum Überwinden. So ganz allmählich legte ich mich durch Gottes Gnade in seinen heiligen Liebeswillen und wurde immer stiller. Vierzehn Tage vor dem Heimgang meines Mannes konnte ich mich zum freudigen »Ja, Vater!« durchringen. Gott hatte ihn lieber als ich, und ich durfte erkennen, daß sein Tun Liebe, unerforschliche Liebe ist; darum kam nie ein »Warum?« über meine Lippen. Es wurde plötzlich licht und hell in meiner Seele, und tiefer Friede erfüllte mich.

Will mit Dir an Dein Kreuz mich heften
und mit Dir lernen Gott vertraun!

Ruhig sprach mein lieber Gatte von seinem Heimgang. Er war völlig losgelöst von mir und unserem lieben Kinde. Auf seinen Vorschlag: »Es ist gut, wenn du wieder heiratest«, bekam er ein bestimmtes »Nein« zu hören. Da äußerte er den Wunsch, daß ich danach wieder ins Schloß zurückgehe. Ich überließ die Zukunft dem Herrn. In meinem Herzen klang es:

Scheint auch die Zukunft trübe,
der Himmel wolkenschwer –
mich trägt ja Jesu Liebe;
drum zage ich nicht mehr.

Der Arme mußte den bitteren Leidenskelch bis zur Neige trinken. Durch die Nierenvergiftung wurde er von schrecklichen Krämpfen befallen. Ich litt unsagbar bei diesem Anblick. Dennoch hatte er auf jedes Gebet ein freudiges, kräftiges Amen.

Am heiligen Abend freute er sich trotz seiner großen Schmerzen an dem kleinen Lichterbaum. Der Weihnachtstag sollte sein letzter Lebenstag werden. Sein gesundes Herz, das nur einunddreißig Jahre lang schlagen durfte, wollte nicht brechen. Er atmete so schwer und so laut, daß es über und unter uns gehört wurde. Die Kleine weinte; durch die Unruhe fand sie keinen Schlaf.

Nachts um elf Uhr fing ich leise an zu singen:

Breit aus die Flügel beide,
o Jesu, meine Freude,
und nimm Dein Küchlein ein!
Will Satan es verschlingen,
so laß die Englein singen:
»Dies Kind soll unverletzet sein!«

Auf einmal fiel mein Gatte mit kräftiger, überirdischer Stimme ein und sang bis zur letzten Strophe mit. Das wurde wieder über und unter uns gehört, und die Hausbewohner konnten mir am andern Morgen ihr Erstaunen nicht verbergen. Nach diesem Gesang wurde mein lieber Mann ganz still. Um zwölf Uhr löste sich seine Seele von der schmerzdurchwühlten Hülle und floh nach Hause zur himmlischen Weihnachtsfeier. Ich war mit ihm in die himmlische Welt versetzt. Ja, »Wonne und Freude werden sie ergreifen, und Trauern und Seufzen wird entfliehen«!

Seit jener Gethsemanestunde hatte keine Traurigkeit mehr in meinem Herzen Platz. Nachdem er ausgehaucht hatte, sank ich an seinem Bette nieder und konnte dankend und anbetend mit Hiob sprechen: »Herr, Du hast ihn mir gegeben und nun wieder zu Dir genommen; ich beuge mich und preise Deiner Liebe Macht.« Gebettet in des Hirten Arm und Schoß schlief ich neben meinem geliebten Toten sanft und ruhig bis zum Morgen.

Der Tag brachte die rauhe Wirklichkeit. Nun war ich allein, wirklich allein. Gott hielt allen äußeren Trost von mir fern. Weinen konnte ich nicht, was natürlich von niemand verstanden wurde; aber meine Lieben wußten ja nicht, daß der Herr mich von Stunde zu Stunde erquickte und tröstete. Meine Zuflucht war das Wort, und der Herr offenbarte sich mir in Jesaja 54, 4—8: »Fürchte dich nicht, denn du sollst nicht zuschanden werden; werde nicht blöde, denn du sollst nicht zu Spott werden; sondern du wirst der Schande deiner Jungfrauschaft vergessen und der Schmach deiner Witwenschaft nicht mehr gedenken! Denn der dich gemacht hat, ist dein Mann—Herr Zebaoth ist sein Name —, und dein Erlöser der Heilige in Israel, der aller Welt Gott genannt wird. Denn der Herr hat dich zu sich gerufen wie ein verlassenes und von Herzen betrübtes Weib, und wie ein junges Weib, das verstoßen ist, spricht dein Gott. Ich habe dich einen kleinen Augenblick verlassen; aber mit großer Barmherzigkeit will ich dich sammeln. Ich habe mein Angesicht im Augenblick des Zorns ein wenig vor dir verborgen; aber mit ewiger Gnade will ich mich dein erbarmen, spricht der Herr, dein Erlöser.« Ich konnte nicht fassen, daß alle diese Verheißungen mir, ganz persönlich mir gelten sollen. Äußerlich war ich ganz auf mich selbst gestellt; Renten für Angestellte traten erst ein Jahr später in Kraft.

Die Krankheit meines Mannes hatte viel Geld gekostet. Vermögen besaßen wir keines. Wir hatten auch noch einen zweiten Arzt zu Rate gezogen, weshalb ich genötigt war, im Geschäft meines Mannes Vorschuß zu holen, solang er noch lebte. Von meiner Hände Arbeit bezahlte ich das Geld nach und nach zurück. Die große Firma ließ sich das gerne gefallen. Meine Not verriet ich keinem Menschen, hatte ich doch einen reichen Vater im Himmel.

Bei aller Leibesschwachheit durfte ich durch Kochen und Backen bei besonderen Gelegenheiten in Privathäusern mein Brot verdienen. Ich vermietete auch noch zwei Zimmer. So konnte ich allen meinen Verpflichtungen nachkommen. Nie hatte ich Not, sichtbar segnete der Herr mein Tun.

Mein Kind, das ich dem Herrn weihte und ihm auf den Altar legte, war mein Trost und Sonnenschein. Allerdings mußte mein Liebling viel allein sein; aber der Herr hielt treulich Wache über ihm. Einmal kam ich ins Gedränge. In vierzehn Tagen war die vierteljährliche Miete fällig, und meine Kasse war leer. In meiner Küche fiel ich auf meine Knie und sagte meine Not dem Herrn. Noch ehe ich ausgebetet hatte, läutete es. Eine Dame stand draußen und bestellte mich zum Kochen und Backen. Ein Auftrag um den andern kam, so daß mir nach Bezahlung der Miete sogar noch Geld übrig blieb. Ich lebte frohen Herzens aus Glauben in Glauben, und Wunder an Wunder reihte sich in meinem reichen armen Witwenstand.

Meine Mutter meinte, ich führe ein armseliges Leben in der Stadt und konnte nicht verstehen, daß ich zwei Werbungen, durch die ich ein sorgenloses Leben hätte haben können, ausschlug. Sie wußte ja nichts von meinem Geheimnis, das ich so hütete, nichts von dem Bund, den der Herr mit mir geschlossen, nichts von meinem Versorger, der mir sagte: »Ich bin dein Mann, Herr ist mein Name, dein Erlöser, der Heilige in Israel, dein Heiland!« Felsenfest stand es in meinem Herzen, daß ich nie und nimmer dieses Verlöbnis lösen werde. Ich hätte mich selbst ja schmählich betrogen.

Der Herr hielt mich in der Gnade Zucht. Schwere Prüfungen und Glaubensproben blieben mir nicht erspart; alles durfte mir aber zum Besten dienen, und umso fester klammerte ich mich an sein Verheißungswort. Oft sagte ich mir laut den Vers meines Denkspruchs vor:

Sein Herz, sein Vaterherz
verläßt die Seinen nie.

In einer stillen Heimwehstunde ergoß sich mein Herz in einigen Versen. Ich war ja noch so jung. Ich bin keine Dichterin, möchte diese Verse aber doch niederschreiben.

Wie traulich ist's im Witwenstübchen,
fern von der Welt mit ihrer Lust!
Da darf ich atmen Gottes Frieden
und fliehn an meines Heilands Brust.

Wie wohl ist mir in seiner Nähe,
so ganz allein mit ihm zu sein!
Wie sucht sein liebend Aug' das meine!
Die Seligkeit ist hier schon mein.

Wenn noch so oft die rauhe Wirklichkeit mich rüttelt
und reißen will aus meiner Seligkeit;
ich weiß, daß Gottes Aug' mich hütet;
drum bin ich fröhlich jederzeit.

Um tausend Welten gäb' ich nicht
das Glück im Witwenstübchen klein.
Wenn kummervoll mein Herze bricht,
mein Heiland tröstend spricht:
»Du bist ja mein!«

Dann hört sein Vaterherz auf meine Klagen,
und liebevoll er seine Arme um mich schlingt.
Ich bin sein Kind, ihm darf ich alles sagen —
mein Herz dann lange, lange mit ihm ringt.

Wie frei und freudig schlägt die Brust dann wieder,
nach überstandnem Kampf und frohem Sieg!
Mit Gott zu ringen, stählt die müden Glieder,
und meine Seel' sich immer höher schwingt.

Kein Menschenauge sieht's, kein Ohr vernimmt's,
nur Gott das Glück im Witwenstübchen kennt;
drum will ich ganz allein auf ihn nur schaun,
bis mich mein Glück zu ihm gen Himmel bringt.

Dort treff' ich meinen lieben Gatten an,
den Gott aus lauter Liebe zu sich nahm;
vereint sind wir dann ewig sein:
sag, kann mein Glück noch größer sein?

Meinen Beruf auf die genannte Weise auszuüben, war gar nicht so einfach für mich. Meine alten Herrschaften im Schloß hatten eben ihre gewohnten Gerichte gewünscht; so hatte ich keine Gelegenheit gehabt, mich in der Kochkunst weiter auszubilden, und gelernt hatte ich meinen Beruf eigentlich ja nicht. Ich machte deshalb von dem Wort Jakobus 1, 5: »So aber jemand unter euch Weisheit mangelt, der bitte Gott, der da gibt einfältig jedermann und rückt's niemand auf, so wird sie ihm gegeben werden«, reichlich Gebrauch, und Gott bekannte sich zu mir.

Das Leben in der Nachfolge Jesu ist sehr einfach, wenn man sein Wort für wahr hält und nicht auf sich selbst sieht.

Oft war mir bange, wenn so große Anforderungen an mich gestellt wurden, denen ich mich nicht gewachsen fühlte; aber im Aufblick zum Herrn wurde ich nie zuschanden.

Einmal wurde ich auch für einige Wochen nach auswärts zu einer adligen Familie gerufen. Dem Baron mundeten meine Speisen. »Ihre Kuchen«, sagte er einmal, »kommen direkt vom Paradies.« Die Herrschaften hätten mich gerne nach Schweden mitgenommen, aber ich liebte mein trautes Witwenstübchen noch zu sehr. Beim Abschied sagte die Dame: »Ich werde immer für Sie da sein; wenn Sie in Not kommen sollten, wenden Sie sich getrost an mich!« das wurde für mein späteres Leben noch sehr bedeutungsvoll. Der Herr segnete meine Arbeit immer, ich konnte sogar nahen Bekannten aus der Not helfen und noch einen Sparpfennig anlegen.

Immer sorgte Gott auch dafür, daß mir die Bäume nicht in den Himmel wuchsen. Ich hatte viele Neider, sogar unter den Nächststehenden. Sie machten böses Gerede über mich, so daß selbst meiner Ehre zu nahe getreten wurde.

Bekannte meinten: »Unmöglich kannst du dir das gefallen lassen.«

Es war für mich sehr schwer; ich machte es aber wie König Hiskia und breitete die ganze Sache im Heiligtum aus. »Er schalt nicht, da er gescholten ward, er drohte nicht, da er litt.« Dann konnte ich aus tiefstem Herzen antworten:

Wenn man noch so arg dich schmähet,
spricht Er leis': »O schweige still!
Meinest du, daß ich, dein Heiland,
ungestraft dies lassen will?«
Und dann zieh ich meine Straße
wieder froh und wohlgemut;

o wie haben's Gottes Kinder
doch bei ihrem Herrn so gut!

Mein kleiner Liebling gedieh prächtig. Allerdings hatte ich nur sehr wenig Zeit für ihn, und oft mußte ich das Kind fremden Menschen überlassen; aber es hing mit rührender Liebe an mir, und jedermann freute sich an seinem sonnigen Wesen.

Ich war wunschlos glücklich; doch bald sollte es wieder anders kommen. Auf Schloß Eybach hatte sich inzwischen ebenfalls sehr viel geändert. Mein lieber alter Graf war in die obere Heimat gegangen, und manches Leid war in die Familie eingekehrt. Die Töchter baten mich deshalb öfters, wieder zu ihrer vereinsamten Mutter zu kommen. Es wurde mir schwer, mein mir so lieb gewordenes Heim aufzugeben und wieder in die Fremde zu ziehen; doch als mir der Herr die innere Weisung gegeben hatte, willigte ich ein. Meine alte Gräfin freute sich, mich wieder bei sich zu haben.

Nach kurzer Zeit wurde der jungverheiratete Graf schwer krank. Wir zogen in die weit entfernte Großstadt Essen, um in seiner Nähe zu sein. Ich war froh darüber; denn die Krankheit machte ihn zugänglicher. Manchmal konnte ich auch mit ihm beten. Die Sorge um sein Seelenheil erfüllte mich, zumal der Feind jede Begegnung mit ihm zu verhindern suchte. Er möchte sich keine Seele entreißen lassen, die er so sicher zu haben glaubt.

Nach einiger Zeit brach eine schwere Grippe-Epidemie aus. Ich blieb auf dem Posten, bis ich zusammenbrach und hohes Fieber mich schüttelte. Kaum konnte ich wieder den Kopf halten, suchte ich meine alte Dame wieder zu betreuen. Erst schalt sie mich; sie war aber dann doch froh, daß ich sie wieder versorgte. Das sollte sich jedoch bald als großer Fehler herausstellen; denn von da an kränkelte ich.

Der Zustand des jungen Grafen wurde von Tag zu Tag hoffnungsloser. Er mußte den Leidenskelch ganz austrinken, bis der Tod ihn endlich erlöste. Im Februar kehrten wir wieder in unser stilles Schloß zurück. Meine alte Dame konnte den Tod ihres Sohnes fast nicht überwinden und wollte sich in ihrem Jammer auch an niemand anderes gewöhnen. Sie sah deshalb nicht, daß ich täglich elender wurde. Ich bekam geschwollene Füße, einen dicken Hals, und meine Augen traten aus den Höhlen. In diesem Zustand war ich kein schöner Anblick mehr. Trotzdem wollte sie niemand um sich haben als mich, und ich hatte somit neben meiner Küche auch sie zu betreuen. Wenn ich ihr nach dem Ankleiden die Stiefel geschnürt hatte – damals trug man noch hohe Stiefel –, mußte ich mich beim Aufstehen auf ein Möbelstück stützen. Ich hatte viele Schmerzen, klagte aber nie und zeigte ihr immer ein fröhliches und zufriedenes Gesicht.

So ging der Sommer vorüber. Im Oktober wurde ich plötzlich unfähig zu gehen. Man brachte mich noch in die Stadt zum Hausarzt der Familie. Er wunderte sich, daß ich in diesem Zustand bis zur Stunde hatte arbeiten können. Nach der Untersuchung hatte er keine Hoffnung mehr für mein Leben. Heute, nach über vierzig Jahren, bete ich noch staunend an und sehe es als göttliche Fügung, daß man mich nicht ins Krankenhaus, sondern zu meiner alten Mutter brachte. Sie brach bei meinem Anblick fast zusammen und sagte: »So bringt man dich mir wieder; gesund und rotwangig hab' ich dich hinausgeschickt – und nun so! O, wärst du doch Köchin geblieben bei den ›Fräulein Muh‹!« Damit meinte sie die Kühe.

Wie sie mich bettete, so blieb ich liegen. Die Augen traten heraus wie große Kugeln, der Hals wurde immer dicker, die Füße wurden kraftlos, dazu kam ein schlimmer Husten, hohes Fieber und Herzwassersucht. Bald waren alle meine Kräfte verzehrt.

Meine Mutter suchte nie Hilfe bei einem Arzt, obwohl in unserer großen Familie manche Krankheit Einzug gehalten hatte. Auf meine Bitte jedoch wurde diesmal ein Arzt gerufen. Traurig sagte er: »Betet um ihre Erlösung! Sie wird ein Krüppel.« Unser Pfarrer, der im andern Dorf wohnte, besuchte mich jede Woche einmal und sagte dann immer: »Heute wird es wohl das letztemal sein.« In meinem Herzen flehte ich: »Heim, ach nur heim; o komm, mein Heiland, und hole mich heim!« Aber es sollte anders gehen. Es geschah etwas ganz Besonderes.

An einem Sonntagmorgen, während die Glocken zum Gottesdienst läuteten, erhängte sich ein armer achtzehnjähriger Waisenjunge. Er hatte nirgends Liebe erfahren dürfen, und niemand hatte sich um ihn gekümmert. Das riß mich aus meinem Heimwehsehnen. Ein tiefes Weh über mein armes, armes Kind überfiel mich. Meine liebe Mutter war ja schon alt. Was sollte aus der Kleinen werden? Was in mir vorging, verbarg ich. Ich war ja längst daran gewöhnt, alle meine Sorgen und Nöte dem ans Herz zu legen, der die Tränen zählt.

Ich war so schwach, daß meine Lieben meinten, ich sei bewußtlos. Sie sprachen offen über meinen Tod und das, was hernach werden sollte. Ich hörte dies alles wohl, fühlte aber seit jenem Ereignis einen schwachen Lebenshauch in mir wehen.

In einer Nacht war es mir, wie wenn ich plötzlich einen Rippenstoß bekäme und eine Stimme zu mir sagte: »Ich will dem Tode ein Gift und der Hölle eine Pestilenz sein; Tod, wo ist dein Stachel, Hölle, wo ist dein Sieg?!« Wo die Stelle steht, wußte ich nicht, aber ich kannte sie wörtlich. Als ich sie gefunden hatte, freute ich mich noch mehr, weil vorausgeht: »Aber ich will sie erlösen aus der Hölle und vom Tode erretten!«

Nun war ich in eine ganz andere Welt versetzt. Ich hatte ja in meinem Leben schon viele Gnadenwunder erleben dürfen; aber daß der Herr Macht hat, vom Tod und von der Hölle zu erlösen, konnte ich kaum fassen. Ich hatte auch nie von solchen Wundern gehört. Eine tiefe Freude erfüllte mein Herz; ich hütete aber mein Geheimnis wie einen goldenen Schatz. In dieser Atmosphäre konnte ich mich nicht so schnell zurechtfinden. In mir tobte ein Kampf zwischen Natur und Gnade, bis mein Verstand gefangen war unter dem Gehorsam Christi. Da tat mir der Herr die Augen auf und zeigte mir alle meine Fehler, den Hochmut meines Herzens und alles ungöttliche Leben und Wesen. Er zeigte mir, wie groß ich in mir selber war und so oft ohne ihn fertig wurde. Mein Leben trug ja noch den Stempel »ich und Er«. Es war mir eben noch verborgen, was ich dem Herrn schuldig bin, der sich ganz für mich gegeben und mich täglich mit so viel Liebe und Geduld trug. Ich schämte mich und konnte in tiefster Betrübnis nur flehen: »Was ich gelebt, das decke zu; was ich noch leben werd', regiere du!« Nun soll über meinem Leben stehen:

»Er und ich«.

Es war mir klar, daß ich mich selber nicht anders machen konnte; ich hatte auch keine Vorbilder, an denen ich hätte sehen können, was die Gnade vermag, wenn sich ihr ein Mensch ganz und willenlos überläßt. Lebendige Zeugen solcher Gnadenwunder kannte ich noch nicht, und wenn es sie gab, so waren sie mir eben noch unbekannt geblieben. Über lebendiges Glaubensleben und Glaubenstaten wurde ja nie gesprochen, und zum Bücherlesen hatte ich keine Zeit. Ich hatte immer nur meine Bibel.

In meiner Hilflosigkeit fiel es mir nicht schwer, dem Herrn jetzt stillezuhalten auf Gnade und Ungnade. »Abraham sah nicht an seinen erstorbenen Leib . . ., sondern glaubte.«

Mein Schwager, der Dorfschullehrer war, besuchte mich täglich. Als er wieder einmal vor mir stand, sagte er ganz erschrocken: »Dir wachsen ja die Haare wieder!« Freudig sagte ich: »Ja, ich werde wieder gesund; der Herr hat es mir zugesagt.«

Glauben konnte es von den Meinen niemand; wer sollte auch in einem so hoffnungslosen Fall an Wunder glauben können! Ich aber hielt die Verheißung meines himmlischen Vaters fest.

Dieser schwache Körper sollte nun den Stempel tragen: Nicht mehr ich, sondern Christus lebt in mir! Es wurde mir täglich wohler und leichter. Fassen und glauben konnte ich es selber kaum; doch der Herr durchströmte mich täglich mehr mit seinen Lebenskräften, so daß auch meine Lieben nur staunen und anbeten konnten. So nach und nach konnte ich meine Füße wieder selber bewegen, meine Augen traten langsam in die Höhlen zurück, mein Kropf wurde sichtbar kleiner, ich konnte schlafen und essen, mich selber aufrichten und auf den Bettrand setzen. Mit Worten ließ sich mein Dank nicht schildern.

Eines Morgens in aller Frühe durfte ich ein neues Wunder erleben. Meine Mutter wollte verreisen und ging um fünf Uhr früh auf die Bahn. Als sie weg war, sollte ich aufstehen.

Es gelang mir auch; aber als ich wieder ins Bett wollte, brach ich zusammen und lag hilflos auf dem Boden. Niemand war im Haus. Ich schrie zum Herrn in meiner Not. Es war Januar und das Zimmer eisig kalt. Daß meine Schwester erst um neun Uhr kommen wollte, wußte ich. Ja gewiß, Gott hört das Schreien seiner Elenden. Meine Mutter verpaßte den Zug, was in ihrem ganzen Leben noch nie vorgekommen war; denn wir haben nur einige Minuten zum Bahnhof. Als sie nach Hause kam, merkte sie, warum ihr Tagesplan vereitelt worden war. Sie holte meine Schwester, damit sie helfe, mich wieder ins Bett zu bringen. Jesu Liebe deckte mich, so daß ich keinerlei Schaden nahm.

Die Tage wurden länger, die Sonne schien wärmer; aber meine Kräfte nahmen nur langsam zu. Im Glauben versuchte ich aufzustehen; denn er hatte mich erlöst aus der Hölle Gewalt und vom Tode errettet. Er hatte mir in jener bedeutungsvollen Nacht zugerufen: »Ich will dem Tode ein Gift und der Hölle eine Pestilenz sein« (Hosea 13, 14). Der Schluß des Satzes heißt: »Doch ist der Trost vor meinen Augen verborgen.« Wer und was bin ich Elendeste, Geringste und Unwürdigste unter den Menschenkindern, daß mir, gerade mir, »dieser Trost nicht verborgen blieb«! Gott der Allmächtige hat ihn mir durch Jesus, meinen Erlöser, geoffenbart.

»Siehe, ich mache alles neu«, klang es in meinem Herzen. Im blinden, nackten Glauben betrat ich »den neuen, lebendigen Weg, auf dem auch die Toren nicht irren können«.

In meiner Heimat hatte ich niemand, mit dem ich hätte Gemeinschaft pflegen können. Die Dorfbewohner kamen und bestaunten das Wunder an der »dem Tode Geweihten«. Heute noch, wenn ich in meine Heimat komme, wissen die Älteren davon zu erzählen und staunen, daß ich noch lebe. Ich legte mein mir neu geschenktes Leben auf den Altar mit der innigen Bitte: »Laß mich nicht mehr mir selber leben, sondern Dir, der Du für mich gestorben und auferstanden bist!«

Tage und Wochen vergingen. Der Frühling zog ins Land, die warmen Sonnenstrahlen erquickten mich. Nun war ich so weit, daß ich schon ohne Stock gehen konnte. Ein halbes Jahr pflegte mich mein liebes, altes Mütterlein Tag und Nacht mit rührender, selbstloser Liebe. Es war ihr nie etwas zuviel.

Durch meine Pflege hatte sie sich nicht wie andere den Winter über erholen und ausruhen können. Im Frühjahr haben die Bauersleute alle Hände voll zu tun. Eine schwere Last legte sich mir auf mein Gemüt, daß ich noch so kraftlos und unfähig zum Arbeiten war. Im Aufblick zum Herrn nahm ich all meine Kräfte zusammen, um wenigstens kleine Hausarbeiten verrichten zu können. Mein gekrümmtes Rückgrat machte mir dabei viel Schmerzen.

Mein Kind mit seinem fröhlichen Wesen war meine einzige Freude und Erquickung. Durch Gottes Güte durfte sie frisch und gesund heranwachsen. Ich fühlte mich mit ihr jedoch täglich als eine Last im ganzen Hause; denn meine Kräfte nahmen nur langsam zu. Ich war bedrückt und wurde immer stiller. Es hätte mich ja doch niemand verstanden. Ich nahm meine Zuflucht wieder zum lieben alten Gotteswort; Psalm 42 wurde mein Trost: »Was betrübst du dich, meine Seele, und bist so unruhig in mir? Harre auf Gott! Denn ich werde ihm noch danken, daß er mir hilft mit seinem Angesicht.«

In einer Nacht ließ der Herr an meinem Geistesauge all seine Güte und Barmherzigkeit, all die großen Wundertaten und das größte Wunder, wie er mich dem Tode entrissen und dem Leben wiedergeschenkt hatte, vorüberziehen. Ich schämte mich über meine Undankbarkeit und beugte mich, daß mir das Harren zu lange wurde.

In meinem Herzen flehte ich: »Herr, laß mich Deinen Weg wissen und offenbare Deine Macht und Herrlichkeit an mir!« Soll der Arzt recht behalten, daß ich untauglich fürs Leben und meinen Lieben eine Last werde? Nein, nein, und tausendmal nein, Du tust kein halbes Werk! Ich vertraue Dir, Herr Jesu, ich vertraue Dir allein! Was Du zugesagt, das hältst Du gewiß.

Plötzlich stand jene Baronin vor meiner Seele, die mir einst ihre Hilfe in jeglicher Not angeboten hatte. Ich faßte Mut im Aufblick zum Herrn und schrieb ihr meine gegenwärtige Lage. Als der Brief auf der Post war, kam eine große Freudigkeit in mein Herz, und es wurde mir gewiß, daß mir von dorther Hilfe zuteil werde. Als die Freudenwogen in meinem Herzen sich geglättet hatten, verriet ich meinen Lieben mein Erleben und die frohe Hoffnung, die mich erfüllte. Die Baronenfamilie war inzwischen wieder nach München gezogen. Nach kurzer Zeit kam ein liebevoller Brief von der Dame mit der Bitte: »Kommen Sie so bald wie möglich auf vier Wochen zu uns! Meine Köchin will nach England in Ferien.« (Die Dame war auch Engländerin.) Sie hatte natürlich keine Ahnung, daß ich eine hilflose Jammergestalt und erst vor drei Monaten dem Tode entronnen war.

Den Brief las ich meinen Lieben vor und sagte: »Ich gehe nach München und komme nicht wieder. Der Herr hat mir's zugesagt, mich dort samt meinem Kinde zu versorgen und seine Herrlichkeit an mir zu offenbaren.«

Meine Lieben entsetzten sich. Meine Mutter sagte: »Das ist unmöglich, man bringt dich im Sanitätswagen wieder heim.« Meine Schwester in ihrer derben Art meinte: »Beschau dich im Spiegel! So kannst du nicht unter Menschen; in München verkaufen sie dich als altes Knochengerüst.«

Bis zu diesem Augenblick hatte mich mein äußeres Aussehen wenig interessiert; ich hatte genug zu tun, mich über Wasser zu halten und durfte nicht versäumen, jeden Tag von der Gnade zu leben. Nun beschaute ich mich unbeobachtet im Spiegel und muß gestehen, ich erschrak über mich selbst. Im Gesicht hatte ich einen tiefen Leidenszug, die Haare waren noch ganz kurz, der Hals lang und dünn, die welke Haut war mit braunen Flecken bedeckt. Meiner lieben Schwester konnte ich ihren Ausspruch wirklich nicht mehr übelnehmen. Die kühnen Glaubensflügel, die mich in höheren Sphären hatten schweben lassen, sanken zur Erde nieder. Ich konnte nur flehen: »Herr, erbarme Dich über mich! Hab' ich mich getäuscht? Kam die Freudigkeit nur aus meinem Tatendrang; muß ich zuschanden werden?«

Wieder wurde es in mir und um mich dunkel; doch nicht lange dauerte es, da leuchtete das Licht der Gnade wieder klar und hell in meinem Herzen auf. »Fürchte dich nicht — glaube nur!« Nur! — »Herr, stärke meinen Glauben; vergib, daß mich das Sichtbare mutlos machte!« Mein Herr und Heiland führte den Kampf in mir zum Siege: Ja, glaube nur, glaube nur!

Eine tiefe Ruhe und Gewißheit kam über mich. Meine Lieben drängten mich und baten, daß ich absage. Ich ließ mich nicht beirren. Auch meinem eigenen Herzen mußte ich einen Stoß geben und schnell handeln, der Brief mußte ja fort. Mit bebendem Herzen sagte ich zu und gab der Dame den Tag meiner Ankunft an.

Der Feind mobilisierte die ganze Hölle gegen mich. Es ging mir wie Paulus: auswendig Streit, inwendig Furcht.

Wieder war das Wort und nur das Wort meine Waffe. Ich hielt dem Herrn all seine Verheißungen vor und wurde wieder getrost. Meine Augen und Ohren verschloß ich gegen alles, was von außen und innen kam.

Nackt und bloß: o kleid mich doch!
Hilflos: ach erbarm dich noch!

Und der Herr hat sich über mich erbarmt! Da alles nichts nützte, gaben meine Angehörigen ihren Widerstand auf und ließen mich ziehen. Im Zug klang der 91. Psalm in meinem Herzen:

Er hat seinen Engeln befohlen über dir,
daß sie dich behüten auf allen deinen Wegen,
daß sie dich auf den Händen tragen . . .

–

Ja *tragen*, lieber Vater, tragen, ich kann ja allein nicht gehen. Und, o Wunderlieb, wohlbehalten kam ich durch Gottes Gnade an meinen Bestimmungsort.

Im neuen Wirkungskreis

Was Gott zusagt, das hält er gewiß; dafür bürgen auch meine nachfolgenden Erlebnisse.

Auf die erste Begegnung mit meiner Dame war es mir bang. Wie werde ich wohl aufgenommen? Ich hatte ihr nur kurz geschrieben, daß ich schwer krank gewesen sei, mich auf dem Weg der Besserung befinde und mit meinem Kinde bei meiner Mutter lebe. Als sie mich sah, hielt sie in ihrem Schritt einen Augenblick inne. Dann sagte sie: »Liebe Frau Gall, ich kenne Sie nicht mehr; nur Ihre Stimme erinnert mich noch an Sie.«

Um fünf Uhr abends kam ich an. Die Köchin war schon in Urlaub. Ich fühlte gar keine Müdigkeit, dachte auch gar nimmer an mich selbst. Es war für mich ganz selbstverständlich, daß ich nun das Diner zubereitete. In diesen Häusern wird spät und üppig gefrühstückt, dann folgt ein einfaches Mittagessen, um fünf Uhr ist Tee und abends um halb acht das Diner.

Mit tiefer Freude und Dank im Herzen bereitete ich das Menü. Der Herr legte zur Freude meiner Herrschaft einen besonderen Segen auf meine Arbeit. Erst als ich allein in meinem schönen Zimmer war, kam ich zu mir selbst und konnte nicht genug Worte des Dankes finden. Es war mir zu wunderbar und groß, was der Herr bis jetzt an mir getan. »In des Hirten Arm und Schoß; amen, ja, mein Glück ist groß«, so legte ich mich ins Bett und schlief die ganze Nacht. Das Frühstück hätte auch der Kammerdiener bereiten können, dazu hätte ich nicht schon aufzustehen brauchen; aber neugestärkt und fröhlich stand ich in der Küche und wollte meinen Posten ausfüllen. Nachmittags konnte ich ja ausruhen.

Der Anfang war nun gemacht. Ich hatte mich völlig in Gottes, meines Vaters Hände ausgeliefert; er sollte nun die Verantwortung für mein Leben tragen. Der Herr wachte selbst über seinem mir neu geschenkten Leben. Seine Auferstehungskräfte durchströmten meinen Körper, und ich durfte mit dem Apostel Paulus sprechen: »Wenn ich schwach bin, so bin ich stark; darum will ich mich am allerliebsten meiner Schwachheit rühmen, auf daß die Kraft Christi in mir wohne!«

Ja, »wenn ich schwach bin, bin ich stark«, das durfte ich täglich wunderbar erleben. Meine Herrschaften freuten sich sehr darüber und wunderten sich, daß ich meinen Dienst täglich versehen konnte. Zum Wiederaufbau meines Körpers stand mir alles, auch die besten Weine, zur Verfügung; aber ich dachte nie viel an mich selbst und, weil ich immer mit den Speisen umging, hatte ich auch keinen großen Appetit.

Nach vierzehn Tagen sagte meine Dame freudestrahlend: »Frau Gall, ich habe eine schöne Stelle für Sie. Ich habe die Dame über alles orientiert, so daß Sie auch Ihr Kind mitbringen dürfen, weil das Ihr Einziges ist, das Sie noch auf dieser Welt haben.«

Das Haus, dem sie mich so warm empfohlen hatte, war die englische Gesandtschaft. Bald danach stellte sie mich der Lady vor. Diese schaute mich verwundert an. Wir redeten über allerlei und beim Gehen sagte sie: »Ich glaube, Sie passen in unser Haus.«

Als die Lady gegangen war, legte es sich mir schwer aufs Herz. Ich sagte meiner Dame meine Bedenken; aber sie ließ nichts aufkommen. »Das können Sie gut«, meinte sie.

Einige Tage später kam auch Seine Exzellenz. Stumm schaute er mich an. Ich erriet, was sich in seinem Gesicht abspielte; doch er wollte den Damen nicht widersprechen. Ich brach das Schweigen und sagte: »Exzellenz, Sie sehen meinen Zustand. Wenn es Ihnen recht ist, komme ich einmal auf vier Wochen zur Probe in Ihr Haus. Wenn ich Ihren Ansprüchen nicht genüge oder die Kraft nicht habe, meinen Posten auszufüllen, trennen wir uns im Frieden wieder.«

Nach vier Wochen kam die Köchin von England zurück und übernahm ihr Amt wieder. Nicht ohne Bangen trat ich meine neue Stelle in der englischen Gesandtschaft an. Hätte ich gewußt, welche Ansprüche da an mich gestellt werden, dann hätte ich nie zugesagt. Innerlich konnte ich mich fast nicht zurechtfinden. Dabei sah ich meine körperliche Schwachheit an und war mir klar bewußt, daß ich keine reichen Kenntnisse in der Kochkunst hatte. Ich wußte auch, daß an den Gesandtschaften meistens nur österreichische oder italienische Küchenchefs engagiert wurden. In der fremden Stadt hatte ich keinen Menschen, mit dem ich hätte über meine Bedenken sprechen können; aber der Herr neigte sich zu mir in meiner Not und erinnerte mich an jene bedeutungsvolle Nacht, in der er mir zugerufen hatte: »Fürchte dich nicht, in München will ich meine Macht und Herrlichkeit an dir beweisen.«

Zu meinem Erstaunen traf ich dort ein zahlreiches Personal an, bestehend aus drei Dienern, von denen einer Engländer war, einer Kammerfrau, einer Weißzeugverwalterin, die schon dreimal den Äquator passiert hatte und viel erzählen konnte, einem Zimmermädchen und einem Küchenmädchen zu meiner Unterstützung. Die ersten vier Wochen verliefen ganz ruhig. Ich konnte mich gut einarbeiten. Auf meine Arbeit legte der Herr seinen besonderen Segen; denn ich kochte betend und mit Liebe und Sorgfalt.

Nach vierzehn Tagen fragte mich Seine Exzellenz: »Wo haben Sie denn das Kochen erlernt?«

Auf eine solche Frage war ich nicht gefaßt; doch schnell besonnen erwiderte ich: »Ich war sieben Jahre in einem Schloß.« Nie sollte jemand erfahren, daß ich meinen Beruf überhaupt nicht erlernt hatte.

Darauf er: »Sie kochen ganz anders als die andern Chefs; Ihre Speisen schmecken uns herrlich. Wir möchten gerne, daß Sie bei uns bleiben. In vierzehn Tagen können Sie nach Hause fahren, um Ihr Kind und Ihre Sachen zu holen.«

Ich stand wie angewurzelt und konnte für das Anerbieten nur stammelnd danken.

Aus übervollem Herzen schrieb ich heim: »Der Herr tat über Bitten und Verstehen an seinem armen Kinde. Sein Weg ist ein heiliger Weg; herrlich und wunderbar hat er für mich gesorgt. Ich habe nicht umsonst vertraut. Ohne jegliches Dazutun bin ich in der englischen Gesandtschaft angestellt worden. In vierzehn Tagen komme ich heim, mein Kind und meine Sachen zu holen.«

Meine Lieben waren sprachlos vor Erstaunen und konnten es kaum fassen, daß Gott seine Verheißungen buchstäblich an mir wahrgemacht hatte. O wie freute sich mein Liebling, nun wieder bei der Mutter sein zu dürfen! Das Kind bekam ein wunderschönes englisches Bett. An die neue Umgebung gewöhnte es sich bald. Vormittags wurde es vom Dienstmädchen in einen Privatkindergarten gebracht und dort auch wieder abgeholt. Wenn nichts Besonderes vorlag, konnte ich mich ihm nachmittags selber widmen und ausruhen. Wir waren überglücklich miteinander. Da die Lady selbst keine Kinder hatte, machte ihr mein Töchterlein viel Spaß, und Sie suchte immer, wie sie die Kleine erfreuen konnte.

An die Gesandtschaften werden große Ansprüche gestellt. Es gab viele Einladungen, große Diners und Damenteegesellschaften wurden gegeben. Die mit Gold umrandeten und mit dem englischen Wappen versehenen Menükarten, die bei einem großen Diner jeder Gast bekam, waren in französischer Sprache gedruckt. Dem Gesandtenpaar war es selbstverständlich, daß ich meine Speisenfolge auch in Französisch zum Druck vorlegte. Die Lady konnte noch nicht gut Deutsch, darum war Seine Exzellenz immer dabei zugegen. Ich verbarg meine Verlegenheit, und als ich wieder allein war, nahm ich wie immer meine Zuflucht zum Herrn. »Zeige deines Wortes Kraft an mir armem Wesen! Sollte Dir etwas unmöglich sein?«

Der Herr erinnerte mich an ein Kochbuch, an dem ich nie Freude gehabt hatte. Mit achtzehn Jahren hatte ich es auf Schloß Eybach zu meinem Geburtstag bekommen. Die Rezepte waren in deutscher, die Überschriften aber in französischer Sprache geschrieben; die konnte ich deshalb nicht lesen. Nach so üppigen Rezepten hatte ich meinen alten Herrschaften im Schloß nie kochen dürfen, und so war das Buch in Vergessenheit geraten. Liebe, o so groß! Über elf Jahre voraus hatte mein himmlischer Vater schon für sein Kind gesorgt. Ja, er sieht und sieht vor. Wie köstlich ist doch das Leben, wenn man sich in jeder Lage geborgen und geführt weiß von treuen Vaterhänden, die uns aus jeder Verlegenheit zu helfen wissen!

Nun begann für mich ein ernstes Studium; aber niemand sollte etwas davon merken. Ich kochte sonst wenig nach Rezepten, aber hier mußte ich mich doch einigermaßen an den Titel halten. Manchmal fragte mich Seine Exzellenz: »Schreibt man das so?« Ich war meiner Sache jedoch immer sicher und konnte mit »Ja« antworten. Der Herr legte immer einen besonderen Segen auf diese Diners, welche meistens aus zehn bis zwölf Gängen bestanden und in einer Stunde serviert sein mußten.

Manchmal wurde Seine Exzellenz von einem Gast gefragt: »Haben Sie einen italienischen oder österreichischen Küchenchef?« Voll Stolz erwiderte er dann: »Wir haben eine deutsche Köchin.« Von den Dienern wurde mir das stets treulich zugetragen. Ich konnte mich immer nur in den Staub beugen und Jesu Liebesmacht anbeten, die Wunder über Wunder an mir armem, ach noch so schwachem Menschenkinde tat.

Bald kam Weihnachten. Die Engländer feiern das Fest nicht, wie es in Deutschland Sitte ist; aber meine Lady paßte sich ganz unseren Gebräuchen an. Jedes durfte einen Wunschzettel schreiben. Da hieß es zum Beispiel: »Einen Pelz oder eine Uhr oder ein Kleid«. Was »oder« bedeutet, verstand die Lady nicht und kaufte einfach jedem alles, was auf der Liste stand. Wir waren alle erstaunt über den reichen Gabentisch und über den großen Lichterbaum im Salon. Für die Kleine gab es ganz wunderbare Sachen. Sie war vor Freude außer sich und konnte sich in all der Herrlichkeit gar nicht zurechtfinden. Auch eine Nähmaschine, um Puppenkleider zu nähen, fehlte nicht. Die Herrschaften hatten die größte Freude beim Anblick unserer strahlenden Augen.

Im Ausland

Nach zwei Jahren ließ sich Seine Exzellenz nach Belgrad versetzen. Dort führten sie ein kleineres Haus und nahmen deshalb nur einen Kammerdiener, die Kammerfrau und mich mit. Das einfache Personal wurde in Belgrad angestellt. Über den Umzug brachte ich das Kind zu meiner Mutter.

Nachdem wir eingerichtet waren, gingen die Herrschaften über das Wintervierteljahr nach Indien, und wir bekamen alle Ferien. Ich durfte nach Hause reisen und im Frühjahr wieder mit meinem Kinde zurückkehren. Die Kleine freute sich auf die große Reise und das unbekannte Land. Viel Herrliches und Neues gab es da zu sehen; doch als wir auf den Wiener Ostbahnhof kamen, wurde ihre Freude merklich gedämpft. Der Bahnhof war ganz einfach, ungepflegt und schmutzig, und viele Reisende saßen auf ihrem Reisegepäck, das sie, in große Tücher eingehüllt, auf dem unsauberen Boden abgestellt hatten. Man merkte, daß es dem Osten zuging. Wir waren froh, daß wir in die zweite Klasse einsteigen und weiterfahren durften. In der Morgenfrühe erreichten wir Budapest. Da hörten wir keine deutschen Laute mehr; es wurden nur fremde Sprachen gesprochen. Nach angestrengter Fahrt kamen wir abends in Belgrad an. Eine Kutsche brachte uns über schlechte oder mit großen Steinen gepflasterte Straßen in unsere neue Heimat. Es war für mich sehr schwer, weil ich der Sprache unkundig war und dadurch nicht einkaufen und mit den Leuten verkehren konnte. Auch meine schwache Gesundheit ließ zu wünschen übrig, bis ich an das Klima gewöhnt war.

Eines Tages mischte sich die Kammerfrau in Privatangelegenheiten von Besuchen. Dadurch entstanden der Lady Unannehmlichkeiten. Der Kammerfrau wurde gekündigt; doch die Lady in ihrer Großherzigkeit verschaffte ihr eine Stelle in London.

Auf dem Balkan ist es sehr heiß, weshalb es viel Ungeziefer in den Küchen hat. Wir Deutschen sind so etwas nicht gewöhnt. Meine Lady sah, daß das für mich zu viel und zu aufregend war, und so wurde ein italienischer Koch angestellt. Dafür bestimmte mich die Lady zu ihrer Kammerfrau, und weil die Weißzeugbeschließerin von München nicht mitgenommen worden war, hatte ich daneben auch die Arbeit der Beschließerin zu versehen.

So begann für mich ein schönes und ruhiges Leben. Mein Kind brachte ich in die nah gelegene serbische Schule. Der erste Schulgang kostete mich Tränen, als ich sie unter den Kindern sah, mit denen sie sich mit keinem Wort verständigen konnte. Es wurde auch Deutsch unterrichtet; aber niemand sprach deutsch, doch war das gut für sie: Nach wenigen Wochen schon konnte sie ganz ordentlich serbisch sprechen. Sie war glücklich über all dem Neuen und Schönen und lernte leicht und schnell.

Die Bevölkerung auf dem Balkan war sehr arm, auch sind die Leute nicht so fleißig und strebsam wie die Deutschen. Da kam es vor, daß mein Kind ohne Schürze oder Mütze aus der Schule kam. »O Mutter, ich hab einem ganz armen Mädchen meine Schürze geschenkt. Ich habe so viele, und sie hat gar keine.«

Mein neuer Beruf brachte mir auch manche Schwierigkeiten. Von meiner Schloßzeit her war mir der Kammerdienst ja nicht fremd, aber ich hatte das Nähen nicht gelernt. Meine Lady hatte eine große Garderobe, und an den fertig gekauften Kleidern und Kostümen, die meistens aus Paris oder England kamen, mußte oft vieles geändert werden. Da nahm ich meine Zuflucht wieder zum Herrn, der mir ja nie seine Hilfe versagte oder mich leer ausgehen ließ. Es ist unendlich schade, daß nicht mehr Wert darauf gelegt wird, Gottes Wort im Alltag zu erleben, wodurch wir bezeugen könnten: »Das, was er zusagt, das hält er gewiß!« Wenn die Menschen an uns und unserem Tun Jesus verkörpert sähen, bekämen mehr von ihnen Lust, dem Lamme zu folgen, wo es uns hinführen will. Ja:

Der Herr ist gut, in dessen Dienst wir stehn;
wir dürfen ihn in Demut Vater nennen.

Wenn wir nur treu auf seinen Wegen gehn,
so sehn wir ihn von zarter Liebe brennen.
Wo ist ein Herr, der so mit Knechten tut?
Der Herr ist gut!

Auch die schwierigsten Sachen ließ mir mein himmlischer Vater zur vollen Zufriedenheit meiner Lady gelingen.

Da kam der Krieg mit den Bulgaren. Meine Lady setzte sich mit dem Englischen Roten Kreuz in Verbindung und errichtete ein eigenes Lazarett. Das war nicht einfach, denn es fehlte an allem. Obwohl sie sehr zart war wie die meisten Engländerinnen, war sie Tag und Nacht auf den Beinen, um das Nötigste zusammenzubringen, und ehe alles fertig war, kamen auch schon die ersten Verwundeten. Ich freute mich sehr, daß ich mit ihr pflegen durfte. Sie scheute auch die geringsten Arbeiten nicht. Sie pflegte Typhus- und Cholerakranke, ohne zu ermüden. Es war ein heißer Sommer, das Ungeziefer kroch aus allen Ritzen in den Bettstellen und Wänden hervor. Es war gut, daß es noch Terpentin in der Stadt gab, das wir literweise verwendeten. Dennoch dauerte es lange, bis auch die letzte Brut ausgerottet war.

An einem Sonntag kamen dreihundert Verwundete mit Schmutz überzogen. Wochenlang konnten sie sich nicht waschen. Da sie nur geflochtene Sandaletten trugen, waren ihre Füße kaum sauber zu bekommen. Ich vergesse nicht, wie meine Lady sich frisch und freudig ans Werk machte und sich nicht scheute, den Soldaten auch die Füße zu waschen. Sie war Vorbild für alle, und ich konnte in der Pflege viel von ihr lernen. In rührender, aufopfernder Liebe hatte sie für jeden einzelnen Zeit und tiefes Mitgefühl. Die Kranken liebten und verehrten sie wie eine Mutter.

Wenn auch die Lady abends todmüde nach Hause kam, so war es ihr doch nicht zuviel, Toilette zu machen, wie sie es gewohnt war. Die Herrschaften erschienen, auch wenn sie allein waren, zum Diner nie anders als der Herr im Smoking und die Dame im langen Abendkleid mit Schleppe. Auch mein Kind bekam ein Abendkleid. Mit dem Koch kamen die Herrschaften nicht zurecht; er machte große Rechnungen und kochte nicht zu ihrer Zufriedenheit. Mir tat dies furchtbar leid, und wenn er einmal nicht da war, sprang ich gern ein und brachte etwas Gutes auf den Tisch. Das kam freilich selten vor; denn er wollte sich durchaus nicht in die Karten sehen lassen.

Einmal fiel der Geburtstag der Kleinen auf das Osterfest. Das war eine große Freude. Sie bekam von der lieben Lady eine wunderschöne große, mit echten Haaren versehene Puppe, die Mama sagen und schlafen konnte — in der damaligen Zeit etwas ganz Seltenes. Ihre Überraschung war daher groß. Puppenkleidernähen auf ihrer kleinen Maschine blieb zu der Zeit ihre liebste Beschäftigung. Von der Lady bekam sie die schönsten Seidenreste dazu, oft so große, daß ich für sie selbst noch Kleider davon machen konnte.

Eines Tages brach eine Scharlachepidemie aus, von der auch mein Kind erfaßt wurde. Sie mußte ins Krankenhaus gebracht werden. Meine Lady ließ nicht zu, daß sie dort allein blieb; ich durfte sie die sechs Wochen selber pflegen. In dieser Zeit übernahm die gute Lady meine Pflichten. Auch die Krankenhausrechnungen für uns beide wurden von ihr bezahlt.

Nach einigen Jahren zogen die Herrschaften es vor, wieder nach England zurückzukehren. Meine Lady hätte uns gerne mitgenommen; aber ich fürchtete den Londoner Nebel, weil mein Kind, obwohl gesund, doch sehr zart war. Der Herr gab mir weder Freudigkeit noch Mut, ja zu sagen; so mußten wir uns trennen. Beim Abschied schenkte mir meine Lady einen großen Koffer voll Kleider, Kostüme, Hüte und andere Dinge, so daß ich jahrelang keine Kleider zu kaufen brauchte.

Eigene Wege

Der Nachfolger war unverheiratet. Ein frauenloser Haushalt ist nichts Angenehmes. Ich übernahm wieder die Küche und die Verantwortung fürs Haus, konnte mich aber in den neuen Verhältnissen nicht gut zurechtfinden; auch ließ das serbische Personal in der Arbeit und Ehrlichkeit viel zu wünschen übrig. Meine Lady hatte oft gesagt: »Sie müssen ein Auge zudrücken«, und wenn's ganz toll war, meinte sie: »Nun drükken Sie eben beide Augen zu! Diese Menschen kann man nicht anders machen.«

Nun ließ sich mein deutsches Zimmermädchen von der russischen Gesandtschaft engagieren, und es gefiel ihr gut. Nach einiger Zeit hatte die Dame dort Wechsel mit ihrer Kammerfrau. Weil das Mädchen manchmal von mir erzählt hatte, so kam es, daß die Dame den Wunsch äußerte, ich möge mich bei ihr vorstellen.

Da ich mich in meiner neuen Umgebung nicht wohl fühlte, kam mir das Angebot wie vom Himmel, und ich tat, was ich bis dahin noch nie getan: ich kündigte und trat in die Dienste der russischen Dame.

Das war mein erster eigener Weg, den ich in meinem Leben machte, und ich mußte erfahren, daß Gott sein heiliges Angesicht vor mir verbarg. Das war ein sehr großer Fehler von mir. Worin lag nur die Ursache, daß ich so handeln konnte, ich, die ihr Leben dem Herrn restlos auf den Altar gelegt hatte, daß er darüber bestimmen und die Führung haben sollte, er, der mich nie enttäuschte? Wie konnte ich ihn nur so betrüben, ihn, der mich selbst in solchen Aufgaben, die vom menschlichen Standpunkt aus gesehen unlösbar waren, nie verlassen hatte.

Ich war im Dunkeln, das Licht in meiner Seele war wie ausgelöscht. Die Ursache? — Klar stand sie vor meiner Seele: Der Dienst als Kammerfrau bei der englischen Lady war für mich überaus angenehm gewesen, auch hatte ich viel Zeit gehabt, mich meinem Kinde zu widmen. Die Pflichten, die ich zu tragen hatte, waren eine Kleinigkeit für mich gewesen, und so war ich ganz allmählich aus der Abhängigkeit von meinem himmlischen Vater geglitten. Dadurch hatten sich die Liebesbande gelockert, und mein Herz war nicht mehr einfältig nur auf ihn, meinen Geliebten, gerichtet. Ich führte wohl ein Gebetsleben, aber meinem Gebet fehlte das Dürsten, die Innigkeit, das Einverstandensein mit des Vaters heiligem Liebeswillen. Mit einem Wort, meine Liebe war erkaltet. Nur in diesem Zustand war es möglich, daß ich mich in die neuen Verhältnisse nach dem Wechsel nicht finden konnte und der Feind mich betören durfte, selbst etwas vermeintlich Besseres zu wählen. Er kennt unser Herz und sorgt für Gelegenheit, daß wir uns so ganz harmlos in sein Netz fangen lassen. Aber der Schritt war gemacht, und ich konnte nicht mehr zurück.

Die russische Gesandtschaft stand gegenüber dem Königspalast. Meine Dame lebte in der modernen Welt, sie spielte die erste Rolle in der Gesellschaft und war überall tonangebend. Bei Hofbällen setzte sie alles ein, um Ballkönigin zu werden, was ihr auch immer gelang, obwohl sie nicht mehr die Jüngste war.

Das Toilettemachen auf solche Feste beanspruchte drei Stunden. Die Gesichtsmassage, die übertriebene Körperpflege, das Haarefärben, Frisieren, Schminken, Pudern, das alles war mir so zuwider, daß ich immer ganz erledigt war. Mein Dienst dauerte von halb acht bis nachts oft zwei, drei Uhr. Die englischen Herrschaften dagegen hatten in Belgrad sehr zurückgezogen gelebt. Meine Lady besaß viele und kostbare Juwelen. Sie wußte, daß ich wenig Interesse daran hatte und schmückte sich deshalb immer selber. Auch die russische Dame hatte Juwelen von unschätzbaren Werten. Wenn nun nach all meinem Mühen sich die Dame im Spiegel befriedigt beschaute, mußte noch der passende Schmuck gewählt werden. Ein kostbares Diadem mußte ihr Haupt schmücken. Da sollte ich all die Namen der Edelsteine kennen; für eine Kammerfrau ist dies etwas Selbstverständliches. Wenn ich dann statt einem Smaragd einen Saphir brachte, wurde sie begreiflicherweise ungeduldig. Selten brachte ich das Gewünschte, und ich hätte doch selber merken sollen, was am besten paßte. Das waren immer lange, bange Stunden. War die Dame soweit fertig, dann kam ihr Gemahl, der Botschafter, um sein Äußeres ebenfalls kontrollieren zu lassen. Da mußte ich ein scharfes Auge haben, daß mir nichts Mangelhaftes entging. Wenn das Haus endlich leer war, sank ich erschöpft in einen Sessel. Ich mußte mich allemal zuerst wieder auf mich selbst besinnen, und unter Tränen sagte ich: »Herr, wo bin ich hingeraten auf meinem eigenen, selbsterwählten Weg?«

Manchmal kam meine Dame hochbefriedigt vom Fest zurück; aber wenn sie nicht auf ihre Rechnung gekommen war, wurde sie sehr ungemütlich. Um ihr Unbefriedigtsein zu vertreiben, mußte ich ihr vielleicht um zwei oder drei Uhr nachts noch ein neues Kleid anlegen oder eine neue Frisur probieren, und zur Beruhigung wünschte sie dann noch ein Fußbad. Aller Glanz und alle Herrlichkeit befriedigten sie nicht. Ich beobachtete, daß meine Dame umso unbefriedigter wurde, je mehr sie sich in die Freuden dieser Welt stürzte, je mehr sie gefeiert wurde. Immer blieb ihr noch etwas zu wünschen übrig. Auch in ihrem Herzen war ein Sehnen nach einem gewissen Etwas, das ihr noch fehlte.

Vor dem Schlafengehen stärkte ich mich dann noch im Eßzimmer. Der Samowar war Tag und Nacht in Betrieb, so daß man Tee trinken konnte, sooft man wollte. Auch allerlei Leckerbissen standen bereit.

Ich hatte es, von außen gesehen, sehr schön, und sicher beneideten mich viele. Mein Kind liebte die Dame sehr, und sie beschenkte es oft. Die Kleine machte schöne Handarbeiten, woran die Dame große Freude hatte.

Auf Reisen

Der Frühling zog ins Land. Nun begannen die Vorbereitungen zur Reise nach Rußland, wohin ich meine Dame begleiten sollte. In der Schule machte ich in der Geographiestunde einst am liebsten große Reisen auf der Landkarte. Mein Lehrer hatte sich immer darüber gefreut. Daß das in meinem Leben einmal Wirklichkeit werden sollte, hätte ich jedoch nie gedacht. Mein Kind wurde während dieser Zeit von der Familie eines serbischen Musikers betreut, bei dem sie seither ihre Klavierstunden bekommen hatte. Die Reise durch den erwachenden Frühling war wunderschön. In den großen Hotels, in denen wir abstiegen, gab es für die Kammerfrauen und Diener besondere Gelegenheiten zu Belustigungen; aber ich sonderte mich ab und blieb allein. Ich aß auch allein.

Zum großen russischen Osterfest wollten wir in Petersburg sein. Mit großer Pracht wurde dieses Fest in den Kirchen gefeiert. Die Speisen der oberen Zehntausend wurden in der Kirche geweiht. Sie hatten auch Beichte und Kommunion, und darin suchte meine Dame ihr unbefriedigtes Herz zu stillen. Bis nachts zwölf Uhr dauerte die Zeremonie. Die Straßen waren überfüllt; alles war auf den Beinen. Als man nach dem Kirchgang nach Hause kam, erwartete uns eine reichgedeckte Tafel, die so lang wie das große Zimmer war.

Ich war erstaunt; so etwas hatte ich in meinem Leben noch nie gesehen. Die feinsten Leckerbissen, Süßes, Saures, gesalzene Speisen jeglicher Art, alle Arten von Fleisch und Wurst, die feinsten Kuchen und Kleingebäck, Getränke aller Sorten waren aufgetragen worden. Ich glaube nicht, daß es noch etwas gab, was auf dieser Tafel nicht zu finden war. Jeder konnte unaufgefordert essen, was ihm beliebte; auch bei der Dienerschaft durfte es an keinem Guten fehlen. Bis in den Morgen hinein wurde gefeiert, gegessen und getrunken. Ich dagegen ging früh zu Bett.

Freilich darf hier nicht übersehen werden, daß sechs Wochen vor Ostern die große Fastenzeit begann, die, durch die Popen streng angeordnet, vom ganzen Volk eingehalten werden mußte. In dieser Zeit bestand ihre Nahrung nur aus Pflanzlichem; Gemüse durfte nur mit Öl bereitet werden.

Was vom Tier kommt, Milch, Butter, Eier, Käse, Fleisch, durfte nicht genossen werden. Die meisten Russen nahmen es sehr ernst mit ihrem Glauben. Nun stellen wir uns die ausgehungerten Menschen nach diesen sechs Wochen vor! Mit Gier stürzten sie sich auf die so lang entbehrten Speisen, und mancher hat sich dabei den Magen verdorben.

Am Ostermorgen gab es keinen Klassenunterschied. Hoch und niedrig, Herrschaften und Angestellte umarmten sich mit dem freudigen Ausruf: »Christus ist auferstanden!« und der andere erwiderte: »Er ist wahrhaftig auferstanden!«

Auf der Reise durch die endlose Ebene fielen mir da und dort kleine Häuser mit strohbedeckten Dächern auf. Ich fragte meine Dame, was das für Häuschen wären. Sie sagte: »Das sind Strohhütten.« Weil ich es nicht glauben konnte, fragte ich eine mitreisende Dame. Diese sagte: »Lassen Sie sich nicht irreführen! Das sind die Wohnungen der armen Leute, die die Felder der Großgrundbesitzer bearbeiten müssen. Es sind arme, arme Menschen. Sie wohnen zusammen mit ihren Haustieren in einem Raum. Die Fußböden sind aus Lehm, die Dächer aus Stroh. Die Menschen schlafen auf dem Boden.« Dann setzte sie hinzu: »Wehe den Reichen, wenn der russische Bär seine Tatze erhebt! Dann wehe, wehe! Das Volk wird durch seine Popen und die veräußerlichte Religion in Schach gehalten. Wehe den Reichen, wenn dieses Volk erwacht!«

Ich fühlte mich schon längere Zeit nicht wohl, und meine Dame ruhte nicht, bis ich in Petersburg zu einem Arzt ging. Von meiner schweren Krankheit war mir ein Pfahl im Fleisch geblieben: ich litt ständig an schwerem Durchfall, weshalb ich nie richtig zu Kräften kam. An Gewicht hatte ich nur vierundvierzig Kilogramm, oft sogar noch weniger. Die schlaflosen Nächte, das ungewohnte Vielerlei und die innere Zerrissenheit machten mich nervös. Ich hüstelte und war immer sehr müde, doch beherrschte ich mich, so gut ich konnte. Was der Arzt meiner Dame über meinen Zustand gesagt hatte, erfuhr ich nie.

Sie war rührend; ich durfte jeden Tag ausgehen oder mit der Kutsche fahren, durfte einkaufen, was ich brauchte und was mir Freude machte. Ich war ihr jedoch zu bescheiden, darum kaufte sie mir und meinem Kinde selber noch wertvolle Andenken an die Rußlandreise.

Zum Schluß reisten wir noch nach Moskau. Ich weiß nicht mehr, welche von beiden Städten die schönste war und welche 365 Kirchen zählte, die eine prachtvoller als die andere. Die größten Reichtümer waren in diesen Gotteshäusern zu finden. Da funkelte alles von Gold und Silber; wertvolle Heiligenbilder und Ölgemälde gab es da: ein Prunk ohnegleichen, und daneben stand diese große Armut des Volkes.

Wenn wir mit der Kutsche durch heilige Stätten fuhren und der Kutscher sein Haupt nicht entblößte, dann schlugen ihm die Wachen den Hut vom Kopfe.

Aus Rußland schrieb ich Ansichtskarten nach Hause zur Verwunderung und zum Entsetzen meiner Lieben. Es war ihnen schon fast zuviel gewesen, daß ich mit meinem Kind nach Belgrad gegangen war.

Über all dem Schönen und Interessanten, das ich erleben durfte, konnte ich mich jedoch nie richtig freuen. Mein lieber Vater hatte manchmal gesagt: »Der Mensch sieht fröhlich von außen, aber sein Herz geht fußtief unter der Erde.« Das war so ungefähr meine Stellung. Die Gnadensonne war mit einer Wolke verdeckt und verklärte meine Freuden und Leiden nicht mehr wie ehedem.

Die Heimreise war noch schöner. Von Wien ab fuhren wir mit einem Salondampfer nach Belgrad zurück. Mein Kind freute sich riesig, als wir einander wieder in den Armen lagen. Die Reise hatte mich freilich sehr angestrengt; der Kanal zu der Kraftquelle war verstopft. Das Wort: »Mit meinem Gott kann ich über die Mauer springen«, oder: »Mit Gott wollen wir Taten tun«, durfte ich nicht mehr wie ehedem erleben.

Ich mußte wieder zum Arzt. Meine Dame befürchtete, ich leide an Tuberkulose; aber der Arzt stellte Magensenkung und Unterernährung fest trotz den reich gedeckten Tafeln, an denen ich hatte sitzen dürfen. Der Koch mußte mir daraufhin extra Hühnchen braten, und allerlei Kräftigendes wurde mir serviert; aber ich blieb elend. Meine Krankheit saß viel tiefer. Als dies meine Dame sah, bekam sie Angst; sie meinte, ich könnte sie anstecken. Sie schickte mich daher wieder zum Arzt in der Absicht, mir nachher zu kündigen, auch bestellte sie eine mir befreundete Pfarrfrau. Diese war sehr verwundert, was für eine Mission sie wohl haben werde, und kam natürlich zuerst zu mir. Ich war erstaunt, daß meine Dame auf einmal Heimlichkeiten vor mir hatte, hatte ich doch von Anfang an ihr volles Vertrauen besessen.

Der Arzt mußte mir schonend beibringen, daß ich meinen Dienst nicht mehr versehen könne und dringend eine Erholung nötig hätte. Es fiel mir ein Stein vom Herzen. Ein anderes wäre vielleicht tief unglücklich gewesen; aber ich erkannte meines himmlischen Vaters zarte Liebe, die sich aufgemacht hatte, mir wieder zu begegnen. Als ich nach Hause kam, setzte ich mich an meine Nähmaschine und sang ein Danklied.

Meine Dame sagte zu der Pfarrfrau: »Ich habe Sie rufen

lassen, Frau Gall zu trösten. Ich dachte, sie werde traurig sein, weil sie ihren Dienst nicht mehr versehen kann und ich sie entlassen muß; nun singt sie drüben. Darüber bin ich sehr erstaunt.« Die Pfarrfrau kannte mich und konnte das verstehen.

Meine einzigen Freunde in Belgrad waren schon vor längerer Zeit nach Monastir, der Hauptstadt von Mazedonien, versetzt worden. Der Mann war Kapellmeister am königlichen Hofe. Der dortige russische Konsul war ein großer Musiker und hatte für das gemeinsame Musizieren den Kapellmeister zum Hausfreund erwählt. In Mazedonien war es mit dem Personal noch schlechter bestellt als in Serbien. Die Gemahlin des russischen Konsuls klagte meinen Freunden ihre Not, und diese schrieben mir gleich, ob ich nicht Lust hätte zu kommen. Wäre der Brief nicht auf unerklärliche Weise drei Wochen unterwegs gewesen, hätte ich abgeschrieben; denn ich hatte genug von eigenen Wegen und hätte nie von mir aus meine Stellung gekündigt. Durch diese Verspätung aber traf der Brief am nämlichen Tage ein, an dem meine Dame mir meine Entlassung eröffnete. Freudig sagte ich zu und erkannte darin den Willen meines himmlischen Vaters.

Als Ersatz für mich gefunden war, durfte ich gehen. Meiner Dame erzählte ich, daß ich nach Monastir zu meinen Freunden gehe; daß ich dort, wenn es meine Gesundheit erlaubte, aber schon wieder einen Wirkungskreis hatte, das verschwieg ich ihr. Sie sagte mir, daß man in jenen Gegenden nicht sorglos reisen könne, da werde viel gestohlen. »Damit Ihre Koffer sicher an Ort und Stelle kommen, lasse ich sie an das dortige russische Konsulat adressieren.« Damit drückte sie mir noch zwanzig Goldstücke in die Hand und wünschte mir recht gute Erholung. Daß mein himmlischer Vater sein untreues Kind wieder so viel Liebe erfahren und seine Koffer sogar an ihren Bestimmungsort befördern ließ, das war des Guten fast zuviel für mich. Ich zweifelte keinen Augenblick, daß der Herr mir diesen Platz bereitet habe und mir dazu auch die nötige Kraft und Gesundheit schenken werde.

Befreit, vergnügt und dankbaren Herzens trat ich mit meinem Kind die Reise nach Mazedonien an. Über das mir wohlbekannte Nisch kamen wir abends in der schönen Stadt Saloniki (Thessalonich) an. Meine Gedanken weilten bei dem Apostel Paulus. Ich vergegenwärtigte mir sein Mühen und Wirken in dieser Stadt, die so abgöttisch geworden war. Allerlei Gedanken bewegten mich.

In dem Hotel, in dem wir übernachteten, traf ich mit einem jungen Deutschen zusammen; es mag ein Student gewesen sein. Verwundert meinte er: »Sie wagen aber viel: so weit von der Heimat wegzugehen. Wissen Sie denn nicht, daß es bald Krieg gibt?« Das konnte ich natürlich nicht glauben, aber drei Monate später bestätigten die Ereignisse, daß der junge Mann recht gehabt hatte.

Anderntags setzten wir unsre Reise fort und kamen wohlbehalten in Monastir an. Es war ein freudiges Wiedersehen. Der Mann meiner Freundin war ein tiefgläubiger, bibelfester Christ, ein Böhme, groß, mit schwarzfunkelnden Augen, mit denen er alle seine Musiker in Schach hielt. Er hatte immer ein freies Bekenntnis und wies seine Soldaten, wenn es angebracht war, mit einem Bibelwort zurecht. Sein Lieblingswort war: »So steht's geschrieben«, weshalb er den Beinamen: »So steht's geschrieben« bekommen hatte.

Unter seinen Musikern hatte er einen großen Spötter. Als

er noch in Belgrad wohnte, mußte die Garde eines Tages mit dem König zu einem Nationalfest nach Nisch. Bei einem gemütlichen Beisammensein fragte jener Spötter seinen Kapellmeister: »Was steht geschrieben?« Kurz besonnen schlug mein Freund die Bibel auf, die er immer bei sich trug, und las ihm die Geschichte von Nathan und David. Als er an die Stelle kam, wo der Prophet Nathan zu David sagte: »Dein Kind soll des Todes sterben«, machte er seine Bibel zu, schaute den jungen Mann tief und ernst an und sagte in lautem, überzeugtem Ton: »Dein Kind soll des Todes sterben!« Alle waren entsetzt, und eine unheimliche Stille trat ein.

Bei der Rückkehr nach Belgrad wurde König Peter mit seiner Garde auf dem Bahnhof festlich empfangen. Unter den vielen Wartenden befand sich auch ein Kind des Spötters. Als es seinen Vater erblickte, sprang es auf ihn zu und sagte schluchzend: »Papa, unser kleines Brüderlein ist gestorben.« Ja, Gott läßt seiner nicht spotten!

Meine Koffer kamen mit dem Vermerk: »Sie werden abgeholt« unversehrt im russischen Konsulat an; sie brauchten aber nicht abgeholt zu werden.

Als ich einige Zeit bei meinen Freunden ausgeruht hatte, fühlte ich mich wieder so wohl und frisch, um im russischen Konsulat die Küche zu übernehmen. Ich war wie neugeboren, durfte ich doch wieder in meinem Element sein und hatte nichts mehr mit Juwelen und kostbaren Kleidern zu tun.

In der russischen Küche wird ganz anders gekocht als ich es gewohnt war; aber bald fielen meine Speisen auch hier zur besten Zufriedenheit aus. Meine Tochter wurde herzlich aufgenommen. Es waren drei Buben da, der älteste im gleichen Alter wie sie. Bald verriet mir die Dame ihren Kummer, daß sie durch eigene Schuld kein Mädchen habe; dadurch schloß sie mein Kind rasch in ihr Herz. Bei Einladungen, großen Ausflügen zu Wagen und zu Pferd durfte meine Kleine nie fehlen. Ihr Wagemut beim Reiten und Klettern erfreute alle.

Die Schulen jedoch ließen sehr zu wünschen übrig. Mit guten Lehrkräften war nur ein französisches Internat da; meine Tochter sandte ich deshalb dorthin. Ich war aufs neue restlos glücklich; die innige Verbindung mit meinem Herrn war wiederhergestellt. Das Zubereiten der russischen Gerichte machte mir viel Freude; doch sollte dieses Glück nicht lange währen. Schon nach drei Monaten brach der Weltkrieg aus, und wir befanden uns jetzt in Feindesland. Im allgemeinen bekamen wir dort unten in den ersten Jahren nicht viel davon zu spüren; aber wie der Vogel auf dem Zweige saßen wir doch.

In den Lazaretten war viel Elend beieinander, denn Pflegepersonal gab es nur wenig und ungeschultes. Meine Dame stellte sich deshalb sofort nachmittags zur Verfügung, und ich schloß mich ihr an. Meine Hauptaufgabe war, den Verwundeten, die freilich meine Feinde waren, ihre steifgewordenen Glieder zu massieren. Das Massieren hatte ich von meiner englischen Lady im Lazarett in Belgrad gelernt. Als wieder einmal einer gehen konnte, fragte er mich: »Wenn ich nun wieder hinausgehe und vielleicht Ihren Bruder erschießen muß?« Ich antwortete ihm: »Davor kann Sie Gott bewahren.« Niemand konnte verstehen, daß ich als Deutsche mich so für feindliche Soldaten aufopferte.

Der russische Konsul war ein strenger Herr. Nie ging er anders als in Begleitung bewaffneter Türken und mit der Reitpeitsche in den Stiefeln aus. Wenn die Zeitungen von den großen Siegen der Deutschen berichteten, dann schlug er sie mit seiner Reitpeitsche in Fetzen. Hätte ich mich nicht unter der Deckung des teuren Blutes Jesu so sicher gewußt, dann wäre mir manchmal sehr bange geworden. Es war pure Gnade, daß ich nie auch das Geringste empfinden mußte, daß ich eine Deutsche bin.

Der Krieg tobte weiter, die Deutschen siegten an allen Fronten. Als Warschau gefallen war, gab es in unserem Haus eine so große Aufregung, daß mir bange werden wollte. Als Belgrad belagert wurde, mußten alle Deutschen die Stadt verlassen. Auch nach Monastir kamen viele und wurden dort interniert. Nach längeren Kämpfen fiel die serbische Hauptstadt. Eine lange Regenzeit setzte ein, die dem deutschen Heere das Vorwärtskommen über die Berge und die schlechten Straßen erschwerte. Das war ein Glück für die Serben. Einige Getreue trugen ihren alten König Peter über alle Berge in Sicherheit.

In dieser Zeit brach eine Typhusepidemie aus. Es gab ein großes Sterben in der Stadt. In einer Woche wurden drei Ärzte begraben. Auch ich blieb nicht verschont; beim Dienst im Lazarett wurde ich angesteckt. Meine Dame war rührend; sie ließ es sich nicht nehmen, mich selbst zu pflegen. Als es mir wieder besser ging, stand ich auf, um die Vorbereitungen für das Osterfest zu treffen. Ich freute mich am warmen Sonnenschein und machte einen kleinen Spaziergang durch den Garten. Das war jedoch zu viel für mich; das Fieber überfiel mich von neuem mit aller Macht. Ich bekam eine schwere Lungen- und Rippfellentzündung. Der Arzt machte ein sehr bedenkliches Gesicht. Ich schrie zum Herrn in meiner Not. Die Medizin, die mir meine Dame stets selber gab, nahm ich nur mit Widerwillen ein. Wenn sie einmal nicht da war, schüttete ich sie in den Toiletteeimer, der neben meinem Bett stand; bis dahin hatte ich immer erfahren dürfen, daß Er mein Arzt und Helfer war, und Ihm vertraute ich auch in dieser neuen Krankheitsnot.

An einem Morgen schreckte mich furchtbares Geschrei aus meinem Fieberwahn. Ich glaubte in der Hölle zu sein. Warschau war wieder zurückerobert. Aus Freude darüber versammelte sich die ganze Bevölkerung vor dem Konsulat und schrie: »Warschau ist wieder frei!«

Mein Zustand verschlimmerte sich, der Arzt gab schließlich alle Hoffnung auf; ich selber aber hatte keine Angst. Meine Dame war sehr abergläubisch; sie war der Meinung, daß der Geist eines Verstorbenen im Hause bleibe. Schnell wurde daher meine Freundin benachrichtigt und eine Kutsche bestellt, die mich Todkranke in deren Haus bringen mußte. Sprechen konnte ich kaum mehr, Zunge und Lippen waren fieberverbrannt; doch ein heimatliches Gefühl durchzog mich, wodurch ich mich schon wohler fühlte. Anderntags besuchte mich meine Dame mit dem Arzt. Er wollte mir eine neue Medizin verschreiben; ich sagte aber, daß ich nun keine mehr nehme, weil ich meine Heilung allein von Jesus erwarte. Der Arzt versuchte, mich umzustimmen und ließ mir auch nochmals Arzneien bereiten; aber ich blieb bei meinem Entschluß.

So schwer es mir auch fiel, ich mußte meiner Dame die Heuchelei wegen der nicht genommenen Medizin bekennen. Die Folgen, die dieses Bekenntnis nach sich zog, waren mir klar; aber nie hätte ich anders meine Heilung vom Herrn erwarten können, denn er ist ein heiliger Gott und duldet keine Unlauterkeit. Darüber war meine Dame so empört und ungehalten, daß sie mich nie mehr besuchte. Von außen gesehen geriet ich dadurch in eine trostlose Lage: krank, stellenlos und preisgegeben in Feindesland; aber mein Herz war still, denn ich wußte mich bei Gott in Gnaden. Hilfe konnte ich von nirgends her erwarten; denn die deutschen Konsulate waren längst geschlossen, und die Verbindung mit der Heimat war abgebrochen. Gott aber hört das Schreien der Armen; er ist ein Gott, der Wunder tut! Rasch ging es bei mir der Besserung entgegen.

Eines Tages besuchte mich Seine Exzellenz mit dem englischen Konsul. Er wollte mich mit nach Üsküp nehmen. Meine frühere Lady hatte dort mit dem Englischen Roten Kreuz ein Lazarett eröffnet und hätte mich wieder gerne bei sich gehabt. Unendlich leid tat es mir, daß ich nicht mitkonnte; denn ich war noch nicht fähig aufzustehen.

Nach einiger Zeit konnte ich das Bett verlassen, und ich erholte mich zusehends. Nachmittags mußte ich mich immer noch legen. Beim offenen Fenster hörte ich eines Tages bekannte deutsche Stimmen; es waren Internierte von Belgrad. Sie klagten meiner Freundin: »Wir haben den ganzen Friedhof nach dem Grab von Frau Gall abgesucht, haben es aber nicht finden können. In der Stadt hörten wir, daß sie gestorben sei. Das Kind habe die russische Dame zu eigen angenommen, und ihr Grab schmücke ein schöner Stein.« Ich war wie vom Schlag getroffen. Meine Freundin aber lachte und sagte: »Sucht sie nur bei den Lebendigen und nicht bei den Toten!«

Bald darauf bat mich Madame de Bern, die Dame vom französischen Konsulat, zu ihr zu kommen. Ich war noch schwach, willigte aber ein. Das Wort »Erholung« stand nicht in meinem Wörterbuch, auch das Bibelwort »Warte des Leibes!« übersah ich. Bei mir hieß es: »Die noch der Hütte pflegen, gar schlechte Pilger sein.«

Der Mann meiner Freundin war natürlich auch im Kriege, und sie war ohne jegliche Unterstützung geblieben. Darum fühlte ich mich verpflichtet, wieder etwas zu verdienen, um ihr mit ihren fünf Kindern unter die Arme greifen zu können. Ehe ihr Mann ins Feld mußte, hatte er noch ein kleines Häuschen außerhalb der Stadt gemietet. Sie hatten vordem in einem wunderschönen Haus mit Freitreppe und Marmorsäulen gewohnt, das in einem herrlichen Garten gelegen war. Als sie nach Monastir kamen, stand dieses schöne Haus leer, worüber sie sehr verwundert waren; doch bald sollte sich das Rätsel lösen. Nachts um zwölf Uhr begann es laut darin zu werden. Türen wurden aufgerissen und zugeschlagen; dann begann ein Laufen und Rennen durch alle Zimmer. Ihr Bursche schlich sich abends leise davon und schlief lieber in der Kaserne. Die Nachbarn erwarteten nichts anderes, als daß die Familie — wie alle andern auch — wieder ausziehen werde; doch bei meinen Freunden hieß es: »Ist Gott für mich, wer mag wider mich sein!« Es bedurfte eines langen Kämpfens und Gebetsringens; aber sie ließen sich nicht entmutigen. An der Gewißheit, daß Gott Sieger ist und wird, zweifelten sie keinen Augenblick. So allmählich fing es an, ruhiger zu werden, bis der Allmächtige zuletzt auch dem letzten Feind gebot. Mit dankbarem Herzen konnten sie sich nun getrost zur Ruhe legen. Von dem verstorbenen Besitzer des Hauses wurden allerlei dunkle Gerüchte erzählt, weshalb das Haus niemand kaufen wollte.

In dem französischen Konsulat ging es mir gut. Da alle Beziehungen abgeschnitten waren, gestaltete sich auch in diesen Häusern das Leben sehr einfach. Die Deutschen rückten immer näher, wer Geld hatte, floh über die Grenze.

Während der Belagerung von Belgrad schrieb mir eine

liebe Bekannte: »Wir waren verwundert, noch Post von dort zu bekommen. Die Straßen sind menschenleer; alles flieht. Herr, wohin sollen wir gehen? Wir bleiben und vertrauen dem Herrn. Tag und Nacht rollt der Kanonendonner über uns weg. Wir suchen Deckung, haben aber keinen Keller. Doch der Herr kann bewahren. Ein Vorfall stärkte mächtig unseren Glauben. Auch in den unruhigsten Nächten war unsere Tante nie aus dem Bett zu bringen. Einmal, in einer Nacht, in der wir nur ganz wenig beschossen wurden, blieben wir liegen; aber wie verwundert waren wir, als unsere Tante angezogen in unser Zimmer kam. Nicht lange darnach fiel eine Granate in ihr Bett. Wer mag sagen, daß Gott nicht bewahren kann?« So weit dieser Brief.

Nach langer Zeit kam der Mann meiner Freundin in Urlaub. Sein erster Besuch galt natürlich dem russischen Konsul. Dort traf er meinen Arzt. Schwach und elend lag er auf einem Ruhebett im Garten. Der Typhus hatte auch vor ihm nicht Halt gemacht; er war dem Tode nahe. Als keine Hoffnung mehr für sein Leben war, wurde für seine Genesung ein Bittgottesdienst veranstaltet, und Gott tat ein Wunder. Der Mann meiner Freundin freute sich darüber. Nachdem ihm die Angehörigen des Arztes alles erzählt hatten, schwieg er eine Weile; dann sagte er zu aller Erstaunen: »Ich verstehe nicht, daß Sie Frau Gall böse sind. Sie haben doch dasselbe getan; nur erwartete sie ihre Heilung von Anfang an vom Herrn, und Sie haben erst dann Hilfe bei Gott gesucht, als Menschen nicht mehr helfen konnten. Wer hat nun den größeren Segen? Als ein Wunder steht sie schon längst wieder in der Arbeit.« Das machte einen tiefen Eindruck auf sie.

Unsere Truppen hatten viele Hindernisse zu überwinden; aber trotzdem gab es kein Aufhalten mehr. Eines Tages wurde die Lage ernst. Die Konsulate brachen ihre Zelte ab. Die Diplomaten gingen über die Grenze. Die Stadt wurde immer leerer. Das serbische Geld verlor fast ganz seinen Wert. Wir hatten zum Glück französisches Gold. Ich durfte wieder erfahren, wie Gott seine Hand über mir hielt, daß ich zurückbleiben durfte, ohne interniert zu werden. Nur einmal mußte ich mich als Deutsche auf dem Kommando melden, die Internierten dagegen täglich.

Bei seinem letzten Urlaub sagte der Mann meiner Freundin: »Wenn auch alles flieht, bleibt ihr auf dem Posten! Ich suche euch in meinen Gebeten nie wo anders.«

Zuletzt kam eine schwere Zeit. Acht Tage war die Stadt ohne Obrigkeit und dadurch jedermann vogelfrei. Die Banditen, die in den umliegenden Bergen ihr Wesen hatten, raubten und plünderten, was ihnen beliebte. Sie führten selbst Männer in die Gefangenschaft. Leute, die früher mit ihnen Banditen gewesen und von ihnen abgefallen waren, töteten sie jetzt aus Rache. Niemand wagte sich mehr auf die Straßen. Die Leute verbarrikadierten ihre Häuser, so gut es ihnen möglich war.

Meine Herrschaften überließen mir das Konsulat zu treuen Händen. Der Leibjäger, ein Türke, hatte nebenan in einem kleinen Häuschen seine Wohnung. Meine Tochter brachte ich über diese schweren Tage ganz in das Internat zu den Schwestern. Einmal machte ich bei meiner Freundin einen Besuch. Ich blieb über Nacht, da ich weit nach Hause hatte. Als ich anderntags heimkam, da stand ein bewaffneter Polizist vor dem Hause. Ich schaute verwundert drein. »Sie können hinein, aber nicht mehr heraus«, war seine Antwort. Selbstverständlich ging ich hinein und war nun eine Gefangene.

Nun erfuhr ich, daß unser Türke viele Häuser geplündert

und auch schon vor dieser Zeit sein Unwesen getrieben hatte. Jede Woche hatte er z. B. hoch oben in den Bergen Butter und Eier holen müssen, dort wo wir immer in der Sommerfrische waren. Das Haus, in dem wir uns sommers über aufhielten, blieb im Winter unbewohnt. Daraus hatte er ungeniert mitgenommen, was er wollte. Er hatte gestohlene Goldstücke, die wollte er mit mir tauschen, weil sie ein Loch hatten. (Die reichen Leute tragen hier ihre Goldstücke in Form einer Kette als Schmuck um den Hals.) Zu meinem Glück war ich auf diesen Tausch nicht eingegangen. Als die Besitzer später nach ihrem Landhaus sahen, entdeckten sie zu ihrem Schreck, daß alles leer war. Ihr Verdacht fiel sofort auf den Türken.

Die Wache stand einige Tage lang vor dem Konsulat. Hinaus durfte ich nicht mehr. Das ganze Haus wurde durchsucht und eine Menge gestohlener Sachen, Lebensmittel, viele Flaschen Öl, Wein usw. gefunden. Der Türke war ein ganz geriebener Dieb; er versteckte seine Sachen sogar in den Schächten der Wasserröhren. Auch mein Zimmer kam daran. Die bestohlenen Weiber, die mithalfen, das Haus zu durchsuchen, schrieen durcheinander und meinten, ich müsse mit dem Türken gemeinsame Sache gemacht haben. Ich besaß nämlich schöne Sachen, denn ich hatte meine Kleider und Kostüme ja immer von meinen Damen zum Geschenk erhalten. Alles war mit Seide gefüttert. Sie schrieen: »Wo hat die so schöne Kleider her? Sicher sind sie nicht gekauft.« Die Matratzen wurden aufgerissen und alles untersucht; sie fanden aber nichts von ihren Sachen. In meinem Zimmer stand auch ein großer, leerer Mahagonischrank, der meiner Dame gehörte. Den Schlüssel dazu hatte ich nicht. Die Weiber bestanden darauf, daß er aufgebrochen werde. Ich sagte ruhig: »Bitte! Sie müssen aber wissen, er ist leer.«

Der Polizeikommissar war ein feiner Herr. Er hatte mich ununterbrochen aufmerksam beobachtet, und ich konnte bemerken, wie er Vertrauen zu mir faßte. Sicher durchblitzte ihn der Gedanke, daß der Türke in meiner Abwesenheit etwas in den Schrank getan haben könnte, damit die Schuld auf mich falle. Jedenfalls befahl er, den Schrank unberührt zu lassen.

Dieser Akt war nun vorbei, ich war frei und konnte wieder unbehelligt aus- und eingehen. Das Haus blieb weiter bewacht; trotz der Bewachung gelang es dem Türken aber noch einmal, in das Haus einzudringen. Was er wollte, blieb mir unbekannt. Er hatte anscheinend den Wachenwechsel benutzt; ich sah ihn jedoch nur ganz flüchtig. Bis ich es melden konnte, war er schon wieder weg.

Der Konsul hatte ein weißes Pferd, das einem Bauern in der Stadt zur Pflege übergeben worden war. Obwohl die Polizei auch über die Grenze hinaus alarmiert war, gelang es dem Türken doch, mit diesem Pferd, das er sich zu verschaffen gewußt hatte, zu entkommen. Erst in Griechenland wurde er festgenommen.

Es war ein Befehl durchgegeben worden, daß sich niemand mehr auf der Straße sehen lassen dürfe; ich hatte aber nichts davon erfahren. Nach einem Fliegerangriff war ich unruhig geworden. Ich machte mich deshalb auf den Weg, um nach meiner Tochter zu sehen. Als ich in die Hauptstraße einbog, stellten sich plötzlich fünf Polizisten mit aufgepflanztem Gewehr vor mich hin und fuhren mich in barschem Tone an: »Wo willst du hin? Weißt du nicht, daß du nicht auf die Straße darfst?«

Furchtlos antwortete ich: »Ich will nach meiner Tochter sehen, ob sie noch lebt.« Nach kurzem Besinnen sagten sie: »Marsch; aber komm sofort wieder zurück!«

Die Schwestern waren entsetzt, als sie mich auf der Straße kommen sahen. Im Hause herrschte große Aufregung. In das Nachbarhaus war eine Bombe gefallen, und vor ihrem Haus lag ein Blindgänger. Alle versammelten sich in der Hauskapelle zum Danken für die gnädige Bewahrung. Ich machte mich schleunigst wieder auf den Rückweg. Die Polizisten erwarteten mich am gleichen Platz noch und ließen mich freundlich passieren.

»Wenn jemandes Wege dem Herrn wohlgefallen, macht er auch seine Feinde mit ihm zufrieden«, dieses Bibelwort bewahrheitete sich auch in diesem Fall buchstäblich bei mir. Auch mein Danken wurde nicht still, als ich wieder wohlbehalten zu Hause angekommen war.

Die Besetzung

Auf hohen Pferden mit aufgepflanzten Gewehren zogen nach acht Tagen die deutschen Vorposten ein. Die Leute fürchteten sich. Man hatte ihnen beigebracht, die Deutschen seien die größten Barbaren und schnitten den Leuten die Ohren ab. Wir freuten uns, wieder deutsche Laute zu hören und nicht mehr in Feindesland zu sein. Freilich kam alles anders, als wir es erwartet hatten. Die Stadt wurde von österreichischen und bulgarischen Truppen besetzt, und diese raubten und plünderten, was ihnen nur beliebte. Ich bekam Bulgaren ins französische Konsulat.

Meine Herrschaften hatten große Vorräte hinterlassen. Kochen und Backen war nun die Hauptbeschäftigung der Soldaten. Ich war arglos; aber als ich nach meinen Vorräten sehen wollte, war alles verschwunden. Was im Hause nicht niet- und nagelfest war, wurde mitgenommen. Ihr Schlagwort war: »Wir müssen requirieren«.

Meiner Dame schrieb ich alles, was im Hause vor sich ging, und daß ich dagegen machtlos sei. Kurz vor dem Einmarsch hatten wir Sachen in Paris bestellt. Die Rechnung mit fünfundneunzig Francs hatte ich schon im voraus bezahlt. Man konnte in Monastir nichts Rechtes kaufen, und als Angehörige eines Konsulats bekamen wir ja alles zollfrei. Das Bestellte war infolge der schnellen Besetzung aber nicht mehr angekommen. Auch dies teilte ich ihr mit und bemerkte nebenbei: »Ich weiß bestimmt, daß ich mein Paket bekomme, denn mein Geld habe ich ehrlich erworben; auch habe ich nichts zurückbehalten, wenn der Herr in seinen Armen zu mir kam. Ich vertraue auf ihn; er läßt mich nicht zuschanden werden, und wenn die Sachen vom Himmel fallen müssen. Daß Ihnen das Haus ausgeraubt wurde, ist verständlich; denn nie haben Sie einen Hungrigen gespeist oder ein armes, bittendes Kind erfreut. Sie hielten Ihre vollen Schränke immer fest verschlossen.« Ich hatte natürlich keine Ahnung, daß der Brief durch die Zensur ging und die Armee der Mittelmächte schon so weit vorgedrungen war. Kurz, der Leiter des österreichischen Spionagedienstes bekam meinen Brief in die Hände; ob er aber zu meiner Dame gelangte, erfuhr ich nie.

Mir war es nicht mehr wohl im Hause. Meine reichen Vorräte an Lebensmitteln hatten die Soldaten verzehrt; zu betreuen gab es somit nichts mehr für mich. Ich zog deshalb ins amerikanische Missionshaus. Die Dame war Schweizerin und freute sich sehr, daß ich ihr die häuslichen Pflichten für eine Zeitlang abnahm. Ich fühlte mich dort sehr wohl und geborgen. Eines Tages kam ein österreichischer Offizier mit einem Paket unter dem Arm zum Tor herein und fragte nach meinem Namen. Wir waren alle erstaunt. Es war schon ein älterer Herr. Er übergab mir das Paket mit den Worten: »Hier haben Sie Ihre bestellten Sachen von Paris.« Ich stand ihm sprachlos gegenüber. »Ihr Brief an Ihre französische Dame ging durch meine Hände. Ich dachte: ›Diese bibelfeste Frau soll nicht enttäuscht werden; ich will selbst nach dem Paket fahnden‹, und wie Sie sehen, es ist mir auch gelungen.« Ich konnte nichts als ihm herzlich dafür danken.

Nach vierzehn Tagen kam er nochmals mit einem kleinen Päckchen. Es enthielt die noch fehlenden Kinderstrümpfe. »Es darf doch nichts von Ihren Sachen verlorengehen«, meinte er. Während ich dieses schreibe, muß ich niedersinken und Gott im Geiste anbeten, Menschenworte sind zu armselig und zu schwach. Wer es wagt, vertrauensvoll die Herrschaft auf seine Schulter zu legen, in dessen Leben beweist er sich auch wunderbar!

Unsere Truppen kamen im Anfang schnell vorwärts, denn sie stießen auf wenig Widerstand; plötzlich jedoch änderte sich die Lage. Die Bulgaren waren nur Mußsoldaten und neigten mehr den Franzosen zu. Die Spione kannten die hohen Berge und gangbaren Wege zur Genüge, um leicht Verrat üben zu können. Ein alter Oberleutnant erzählte mir, daß ganze Bataillone der Bulgaren zu den Franzosen übergingen, auch habe man die schönsten Mausergewehre, die die Bulgaren wegwarfen, in den Feldern auflesen können.

Die Lage wurde immer ernster; die Gegner rückten näher, und so kam es, daß der Offizier, der mir meine Pakete übermittelt hatte, nach Monastir versetzt wurde. Unter diesen

Umständen beschäftigte ich mich ernstlich mit der Heimreise und ging auf die Ortskommandantur, um Papiere und Bewilligung einzuholen. Pflichten hatte ich in diesem Land ja keine mehr.

Auf dem Heimweg begegnete mir jener österreichische Offizier; er kam freundlich auf mich zu und fragte nach meinem Ergehen. Ich teilte ihm mein Vorhaben mit, worauf er sagte: »Das ist Fügung, daß Sie mir begegnen. Unten an der Straßenkreuzung bin ich stillgestanden und habe überlegt, welchen Weg ich gehen will, und nun treffe ich Sie — welch ein Glück für mich! Ihre Heimreise wird nicht so einfach sein. Die Bahngeleise sind zerstört, und es ist eine weite Strecke bis zur nächsten Bahnstation. Aber auch dann ist es immer noch nicht sicher, ob Sie weiterkommen; denn wir sind ja im Frontgebiet, und Sie sind eine Frau. Dann noch ein zweites: Sie wissen wohl gar nicht, daß Sie als Spionin beobachtet werden. Es ist laut geworden, daß Sie sich schon den ganzen Krieg über hier aufhalten und nur bei russischen und französischen Diplomaten in Diensten gestanden haben.«

Ich entgegnete darauf: »Das ist mir allerdings ganz neu; aber ich fürchte mich nicht. Sie kennen mich ja. Solang ich im feindlichen Land lebte, blieb ich unbehelligt; nun werde ich bei den Eigenen zur Spionin gestempelt!«

Darauf versetzte er: »Möchten Sie nicht zu mir kommen? Ich wäre Ihnen dankbar; denn ich habe einen kranken Magen und kann die Kost im Kasino nicht gut ertragen. Willigen Sie ein! Heim können Sie ja jetzt doch noch nicht.«

Dieses Anerbieten nahm ich an als eine gnädige Fügung vom Herrn. Der Hauptmann fühlte sich wohl dabei, und ich brauchte nur zu kochen; zum Einkaufen und zu allen andern Arbeiten hatte er seinen Burschen. Nachdem ich auf diese

Weise wieder unter äußerem Schutze stand, war es mir möglich, auch mein Kind wieder zu mir zu nehmen.

Am 18. August hatte Kaiser Franz Josef Geburtstag. Das Haus, in dem wir wohnten, war ein Konsulat. Der General war auch des öfteren bei uns. Im Regiment hatten sie keine guten Köche, darum fragte mich mein neuer Herr, ob ich an diesem Tag nicht das Festmahl für die Offiziere kochen möchte. Auf meine Zusage hin wurden viele Offiziere geladen, und ein herrliches Diner wartete auf sie. Ganz unerwartet jedoch wurde die Lage wieder ernster, so daß kaum die Hälfte der Herren erscheinen konnte. Der Feind rückte näher und näher; bald wurde die Stadt durch Flugzeuge bombardiert. Die Menschen flohen aus der Stadt. Zwar gab es noch keine schweren Bomben; aber sie genügten, um die kleinen Häuser zu zerstören. Schutz war nicht viel geboten; denn Keller gab es nur in den großen Häusern. Ich beruhigte die Leute immer, wenn ich sie auf der Straße traf. Alles rannte und wußte doch nicht, wohin.

Eines Samstagabends war ein großer Angriff. Unser Hauptmann gab das Kommando: »Alles in den Keller!« Ich badete eben mein Kind und blieb deshalb oben. Freilich war es nicht recht, daß ich den Gehorsam verweigerte, schon der Soldaten wegen. Als alles vorüber war, mußte ich dem Herrn Hauptmann Rede und Antwort stehen. Erregt rief er aus: »Wenn Ihnen nur mal eine Bombe auf den Schädel fiele!« Er wußte nämlich, daß ich nie in den Keller ging, wenn ich allein war. Ich erwiderte: »Ich bin in des Allmächtigen Schutz. Ich dünke mich nicht besser zu sein als andere Leute; aber damit Sie meinen Herrn, dem ich vertraue, nicht verlästern können, wird er mich bewahren.«

Der Platz, an dem wir wohnten, war sehr gefährlich. Alle

wichtigen Gebäude waren in seiner Nähe, weshalb viele Anwohner auszogen. Tatsächlich fiel auch einmal eine Bombe in nächster Nähe, zertrümmerte aber nur unser Eisentor. Der Herr stärkte meinen Glauben so, daß ich immer mutiger wurde. Einmal sagte meine Kleine im Keller zu mir: »O Mama, ich schäme mich so sehr vor dem lieben Heiland, daß wir uns verstecken.«

Nach dem Angriff fragte der General: »Was ist denn die Ursache, daß Sie so ruhig sind und sich nicht fürchten?«

Ich antwortete: »Ich liebe und fürchte Gott, der Herr ist über Leben und Tod, und weil Ihr Herren Offiziere den nicht fürchtet, müßt ihr die Bomben fürchten. Etwas muß jeder Mensch fürchten.« In solchen Augenblicken stand mir das Wort der Bibel groß vor der Seele: »Ihr seid teuer erkauft; werdet nicht der Menschen Knechte!«

An den Enden der Stadt standen zwei Abwehrgeschütze, Adam und Eva genannt. Eins davon war ganz in der Nähe des Hauses meiner Freundin aufgestellt. Es war gut getarnt, aber durch die Spione wurde alles verraten. Bei einem Angriff fielen drei Bomben in der nächsten Umgebung des Hauses. Der älteste Sohn hatte beim Alarm davonrennen wollen; die Mutter aber hatte ihn zurückgerufen: »Junge, bleib hier, wir sind sonst alle verloren!«

Unser Bergungsort war der Herr Jesus; auf unseren Knieen fühlten wir uns in seiner Nähe, waren ganz getrost und sicher. Einmal war eine Bombe vor unseren Hauseingang gefallen. Weithin waren alle Fenster zertrümmert; bei uns aber war das Haus völlig unbeschädigt und alle Scheiben ganz. Die Leute kamen und bestaunten das Wunder. Ein Mann sagte: »Das geht nicht mit rechten Dingen zu; entweder sind diese Leute Heilige oder Hexen.« Wenn nachts Angriff war, dann rannten die Soldaten von der zweihundert Meter entfernten Kaserne in die Nähe unseres Hauses und sagten: »Da trifft es uns nicht!«

Wir hatten in diesem Jahr einen heißen Sommer; wochenlang fiel kein Tropfen Regen, und die Wiesen waren völlig ausgebrannt. Die Wasserversorgung war sehr mangelhaft. Es gab wohl viele Brunnen, doch fingen diese bald an zu versiegen. Ungekocht konnte man das Wasser nicht trinken.

Die Mazedonier haben sonderbare Gebräuche. Sie sammeln sich in kleinen Gruppen, hängen sich Glocken um, halten sich an den Händen, hüpfen im Kreis herum und beten so um Regen.

In Krankheitsnot

In dieser heißen Zeit gab es viel Malariakranke. Ein Kind meiner Freundin und meine Tochter blieben nicht davon verschont. Die Malaria ist eine sehr schwere Krankheit. Sie begann damit, daß mein Kind ein Unbehagen mit leichtem Frösteln befiel. Dann setzte ein gewaltiger Schüttelfrost ein, wobei die Patientin Hände und Füße an ihren Körper preßte und wie eine Schnecke im Bett lag. Ein unheimlicher Durst quälte sie, der auch mit Mengen von Wasser, Tee oder Milch nicht zu stillen war. Als der Schüttelfrost vorbei war, streckte sie Hände und Füße wieder und lag todesmatt in der Fieberglut. Nach mehreren Stunden war ihr wieder so wohl, als ob nichts gewesen wäre. Jeden zweiten oder dritten Tag wiederholte sich das Fieber zu genau bestimmter Zeit, so daß man sicher damit rechnen konnte. Sie versuchte das Frösteln durch Seilhüpfen zu überwinden oder in irgendeinem Spiele sich zu vergessen, doch es war alles umsonst; die Macht dieser Krankheit war viel stärker.

Für mich waren dies lange und bange Stunden; dennoch konnte ich mich nicht entschließen, zu einem Hilfsmittel zu greifen. Allzuoft hatte der Herr in meinem Leben schon seine Wunderkraft und Macht in Krankheitsnöten an mir bewiesen. Nie hätte ich zur Selbsthilfe greifen und ihn dadurch betrüben können. Andere Kranke aßen Chinin wie das tägliche Brot, war es doch das Universalmittel gegen die Malaria; wir aber verzichteten darauf und hofften auf den Herrn.

Es ist freilich unbegreiflich von einer Mutter, die ihr Kind so leiden sieht, wenn sie nicht zu jedem Mittel greift, das Erleichterung verspricht. Ich tat alles für mein Kind, was in meinen Kräften stand; doch Chinin konnte ich ihm nicht geben. Liebe Bekannte rieten mir, ihm wenigstens die Gelenke mit Chininpulver einzureiben. Ich zeigte mich willig; aber die Arme sanken mir, als ich es tun wollte.

Ich gehöre nicht zu denen, die in Hochmut die Kunst der Ärzte mißachten und sich über alles erhaben fühlen; o nein, von Herzen dankbar bin ich für alles, was durch sie geschieht. Wo käme auch die Menschheit hin, wenn es keine Ärzte gäbe! Aber mich hat der Herr von Jugend auf beiseite genommen, mich in persönliche Verbindung mit ihm gebracht und nie meinen Glauben und mein Vertrauen zuschanden werden lassen; wie könnte ich daher anders handeln!

Ich sagte: »Herr Jesus, Du hast die Verantwortung über mein Leben, ich bin Dein Eigentum. Du selbst hast mich von früher Jugend an den Weg zum wahren Leben gelehrt und geführt. Meine Tochter habe ich Dir auf den Altar gelegt, auch sie ist Dein. Tu mit dem Deinen, wie Du willst! Ich vertraue Dir. Kommen wir um, so kommen wir um. Du warst und bist und bleibst unser Arzt nach Deiner Verheißung. Heute kannst Du sie noch heilen, wenn es in Deinem Plane liegt.«

Der Herr antwortete mir darauf aus Jesaja 43, 1 bis 3: »Fürchte dich nicht; denn ich habe dich erlöst, ich habe dich bei deinem Namen gerufen, du bist mein! Denn so du durchs Wasser gehst, will ich bei dir sein, daß dich die Ströme nicht sollen ersäufen, und so du durchs Feuer gehst, sollst du nicht brennen, und die Flamme soll dich nicht versengen; denn ich bin der Herr, dein Gott, der Heilige in Israel, dein Heiland!« Das genügte mir. Durch Wasser und Feuer hatte er mich geführt, oft waren mir die Wasser bis an die Seele gegangen; aber: »Ich bin bei dir«, das war mein Trost und meine Kraft.

Wir lebten weiter zwischen Furcht und Hoffnung, denn der Feind rückte immer näher. Mit schwerem Herzen fingen wir an, die Koffer zu packen und das Nötigste nach Prilep zu schicken, um immer fluchtbereit zu sein. Durch einen großen Truppennachschub wurde für kurze Zeit der Feind wieder zurückgedrängt. Alles atmete auf, und neue Hoffnung erfüllte uns wieder. Wir ließen unsere Koffer zurückholen und richteten unsere Zimmer aufs neue ein; doch es dauerte nicht lange. Dem Feind gelang es, die Linie zu durchbrechen, und nun war niemand mehr im Zweifel, daß Monastir in die Hände der Feinde komme.

Tag und Nacht hatten die Kanonen gedröhnt und über unsere Köpfe hinweggeschossen. An einem Sonntagnachmittag wurde es plötzlich ganz still. Den Menschen wurde bange. Die Kundigen sagten: »Das ist die Ruhe vor dem Sturm.« Tatsächlich war es auch so. Mir aber war nicht bange:

Wappnet euch mit Gottes Worte und kämpfet still an jedem Orte, damit ihr bleibet unversehrt!

Jesaja 52, 12 stärkte und erquickte mich. »Denn ihr sollt nicht in Eile ausziehen, noch mit Flucht wandeln; denn der Herr wird vor euch herziehen, und der Gott Israels wird euch sammeln.«

Zuerst wurden die Lazarette geräumt und die Verwundeten abtransportiert. Was an Wertgegenständen in der Stadt war, wurde in Sicherheit gebracht. Unser Hauptmann kam mit uns in Not. Er sagte: »Wie soll ich bloß Sie mit Ihrem kranken Kinde wegbringen?« Doch der Herr kam uns auch da zuvor. Des Hauptmanns Auto hätte längst nach Wien gesandt werden sollen, um überholt zu werden; aber in dieser unruhigen Zeit war es nicht möglich gewesen. Wie groß war daher seine Freude, als ihm unerwartet ein neues Auto zur Verfügung gestellt wurde! Ich durfte damals auch bemerken, daß er seinen Widerspruch gegen mich aufgab und mich ruhig gewähren ließ, wenn ich nicht in den Keller ging. »So«, sagte er, »nun habe ich ein Auto für Sie und bin dadurch eine Sorge los.«

In normalen Zeiten tritt der Unterschied zwischen Kindern Gottes und den Kindern der Welt nicht so klar zu Tage; aber in Zeiten der Anfechtung wird es offenbar. Wenn die Tatsachen reden, muß der Ungläubigen Mund verstummen. Maleachi 3, 16 und 17 erfüllte sich buchstäblich an mir.

Mit meiner Freundin konnte ich infolge der Unruhen nicht mehr zusammenkommen, und sie konnte auch nicht mehr von ihren vielen Kindern weg; doch die innere Fühlung verloren wir deshalb nicht. Jede stand auf ihrem Posten wie eine einsame Eiche, die dem Sturm von allen Seiten ausgesetzt ist und dadurch ihre Wurzeln nur umso tiefer in die Erde senkt.

Wir waren keine Menschen, die Vogel-Strauß-Politik trieben oder sich falschen Hoffnungen, die nicht nach Gottes Willen sind, hingaben. Allzuoft mußten wir ja bei anderen sehen, wie bitter sie enttäuscht wurden, wenn der Herr andere Wege mit ihnen ging. Ich sah allem klar ins Auge, und als Gebundene Jesu Christi konnte der Herr ungehindert seinen heiligen Willen an mir ausführen. Gott hat seinen Plan über uns von Ewigkeit her gefaßt; wenn er ihn wegen unserer Wehleidigkeit nicht ändern muß, haben wir's gut und sorgenlos. Ich war immer darauf bedacht, daß ich durch Ungehorsam dem Feind keine Freude machte, sonst hätte er ja eine offene Tür zu meinem Herzen gefunden. »Niemand kann zwei Herren dienen«, sagt Jesu heiliger Mund.

Unser Hauptmann war bekanntlich beim Spionagedienst eingesetzt; infolgedessen war ich über die Lage immer gut unterrichtet. Er kam in der letzten Zeit kaum mehr nach Hause, weshalb ich nachts meistens ohne männlichen Schutz blieb. Eines Morgens in aller Frühe besuchten uns wieder einmal die Flieger. Ich war schon auf. Als es so krachte, überfiel mich eine namenlose Angst. Ich vergaß meinen Bergungsort und rannte unter das große Portal, weil ich hier ein starkes Gewölbe über mir hatte. Meine Tochter, die noch im Bett lag, schrie aus Leibeskräften: »Mama, komm schnell, sonst sind wir verloren!« In einer solchen Verfassung hatte mich mein Kind noch nie gesehen. Als wir miteinander auf den Knieen lagen, fiel in nächster Nähe eine Bombe und erschütterte das ganze Haus. Stumm sahen wir uns an, dann sagte sie: »Mama, die hat uns gegolten.« Unverdiente gnädige Bewahrung!

Ich konnte mich selbst nicht mehr verstehen und sann nach der Ursache meiner Angst. Gott ist ein heiliger Gott, er nimmt es genau mit den Seinen. Da mußte ich die Entdekkung machen, daß ich oft unbarmherzig gegen die Menschen gewesen war, wenn sie so Angst hatten. Ich schämte und beugte mich vor dem Herrn und lernte mit den Schwachen Mitleid haben. Es ist ja alles Gnade, unverdiente Gnade und kein Verdienst. Gnade war und ist das Fundament, auf dem ich stand und stehe.

Auf der Flucht

Den Pfahl in meinem Fleisch hat mir der Herr nicht weggenommen. Ich blieb immer schwach. Mein Körpergewicht betrug nie mehr als fünfundvierzig bis siebenundvierzig Kilogramm; für meine Größe ist das viel zu wenig. Ein Wort aus meiner Mutter Predigtbuch hab ich nie vergessen; es war mir immer ein sicherer und fester Anker: »Du bist meines Lebens Kraft, meines Verstandes Licht, meines Willens Ruhe und Stärke!«

Als dem Hauptmann nun ein neues Auto zur Verfügung stand, stellte er es mir frei, zu gehen oder zu bleiben. Ich entschied mich für das zweite: »Wer glaubt, der flieht nicht.« Ich hätte es für ein Unrecht angesehen, einfach davonzugehen. Niemand wäre mehr dagewesen, der nach dem Rechten hätte sehen oder packen können. Wenn der Hauptmann selten genug nach Hause kam, versorgte ich ihn gut. Er war so dankbar, wenn sein kranker Magen etwas Warmes bekam.

In der letzten Nacht bebte alles, und die Fenster klirrten. Ich war todmüde und legte mich mit meinem Kind schlafen. Der Hauptmann kam sonst immer in der Morgenfrühe; aber am Morgen nach dieser Nacht blieb er aus. Ich ahnte nichts Gutes. Um elf Uhr stürzte er geschwind mit der Nachricht ins Haus: »Halten Sie alles bereit; spätestens um ein Uhr heute nacht ist der Feind in der Stadt.«

Ich wurde an das Wort Jesaja 52, 12 erinnert: »Ihr sollt nicht in Eile ausziehen, noch mit Flucht wandeln; denn der Herr wird vor euch herziehen, und der Gott Israels wird euch sammeln«, und konnte in aller Ruhe unsere Flucht vorbereiten. An diesem Tag hatte mein Kind seinen Fieberanfall wieder, und am Abend sollten wir weg; aber es wurde halb zehn Uhr. Wir waren bei den letzten, die die Stadt verließen.

Die eine Straße, auf der man noch entkommen konnte, war kaum befahrbar. Große Granatlöcher verhinderten das Weiterkommen; dreifach war sie belegt: In der entgegengesetzten Richtung marschierten Soldaten in die Schlacht und wurde Munition vorgefahren. Aus der Stadt wurde noch herausgebracht, was dem Feind nicht in die Hände fallen sollte. Schon nach einer halben Stunde gab es einen allgemeinen Stopp. Es wurde elf Uhr. Die Kanonen schossen über unsere Köpfe weg. Im Norden stand ein schweres Gewitter. Ich hielt mein fieberndes Kind im Arm und betete im Gefühl des Geborgenseins still zum Herrn. Als der Zug sich wieder weiterbewegte, hatten wir eine Panne. Die Letzten drängten vor. »Ihr sollt nicht in Eile ausziehen«, mußte ja an uns erfüllt werden. Jedes Wort, das der Geist Gottes in uns lebendig macht, wartet auf die Erfüllung in uns.

Nachts um drei Uhr kamen wir in Prilep an. Lange mußten wir warten, bis die bestellten Privatquartiere aufgemacht wurden. Wie dankbar war ich, für mein Kind ein Bett vorzufinden. Die Flieger kamen auch schon in diese Stadt.

Meine Aufgabe war nun erfüllt, ich hatte genug und wollte

nach Hause. Unser Gepäck wegzubringen, war nicht einfach, denn die Bahngeleise waren weithin zerstört, und für eine Frau war es an sich schon sehr gefährlich, im Frontgebiet zu reisen. Wir mußten uns jedoch noch drei Wochen gedulden, bis endlich der Tag unserer Abreise kam. Als wir ein weites Stück mit unserem Wagen gefahren waren, hatten wir wieder eine Panne und mußten auf freier Strecke lange warten, bis uns jemand abschleppte; dabei regnete es in Strömen. Erst andern Tags konnten wir weiterreisen. Wie lange wir fuhren, bis wir zu einem Zeltdorf des Heeres mit einem provisorischen Bahnhof kamen, weiß ich nicht mehr. Alles verwunderte sich, daß eine Frau mit einem Kind von der Front kam. Ein alter Oberstleutnant nahm sich unser freundlich an, ließ uns bewirten und stellte uns eine kleine Kabine mit einem Feldbett und einem Liegestuhl zur Verfügung. Wir schliefen selig die ganze Nacht. Morgens erwartete uns ein gutes Frühstück. Das Mädchen hatte noch viel Spaß mit der kleinen und großen Viehzucht, die die Soldaten betrieben. Wir erhielten eine Bescheinigung, daß wir läuse- und seuchenfrei seien. Ein Militärzug stand bereit; unser Gepäck wurde verladen. Wir bekamen ein kleines Abteil zweiter Klasse für uns allein. Außen wurde mit großen Buchstaben »Frauen-Coupé« hingeschrieben. An einem Frontzug sah das sehr komisch aus. Mit vielen Dankesworten verabschiedeten wir uns und waren sehr glücklich, als es nun der Heimat zuging. Die Züge verkehrten ohne Beleuchtung, weil man vor Fliegern nie sicher war. Nach nicht allzulanger Fahrt hielt der Zug auf freiem Felde plötzlich an. Alles mußte aussteigen; niemand wußte warum. Es war stockdunkel. Ich hatte viel Gepäck bei mir. Zum guten Glück fühlte sich mein Kind wohl. Wir mußten eine weite, fast weglose Strecke zu Fuß zurücklegen und dann lange warten, bis wir endlich wieder einsteigen konnten. Das Geleise war durch Fliegerbomben weithin zerstört worden.

Unversehrt kamen wir nach Üsküp. Alles mußte aussteigen. Wir trafen liebe Bekannte von Monastir, auch Flüchtlinge. Die nahmen uns freundlich in ihrer kleinen Behausung auf und stellten uns warme Betten zur Verfügung. Sie begleiteten uns auch wieder zur Bahn, und nach herzlichem Abschied reisten wir weiter.

In Belgrad suchten wir alte Bekannte auf, denen ich noch ein Sparkassenbuch eines unserer Zimmermädchen aushändigen mußte, das nach Rumänien gegangen war. Wären wir hier nicht ausgestiegen, hätten wir mit dem Balkanzug bis in die Heimat durchfahren können.

In Budapest hatten wir wieder Aufenthalt. Wie oft mußte der Herr ein Wunder tun, daß mein krankes Kind fähig war umzusteigen. Ich hatte eine große Thermosflasche gegen ihren Durst bei mir und war froh, wenn es immer wieder Gelegenheit gab, sie füllen zu können.

In Wien hatten wir einen Tag Aufenthalt. Bis hierher hatte nämlich ein Frontschein als Reiseausweis genügt; ab Wien jedoch brauchte ich wieder meinen Paß, dessen letzte Einträge noch aus der Zeit meiner Rußlandreise stammten. Ich mußte deshalb das Wiener Deutsche Konsulat aufsuchen, um meinen Paß in Ordnung bringen zu lassen.

Auf dem Balkan lebten die Menschen sehr einfach und dazu war durch den Krieg oft große Not bei ihnen eingezogen. So lag eine gewisse Trauer auf den Städten, durch die uns unser Weg geführt hatte. Als wir dagegen in Wien eintrafen, schien es uns, als wären wir in eine andere Welt versetzt. Während meines Aufenthalts im feindlichen Ausland hatte ich es mir immer so vorgestellt, daß die Heimat in dieser schweren Kriegszeit in tiefer Trauer lebte und alle Vergnügungsstätten aufgehoben seien. Nun ging mir ein Licht auf, warum die Soldaten so unzufrieden vom Urlaub zurückkamen. In Wien war nichts von Krieg zu sehen. Geschminkte Frauen belebten die Straßen, und Gelegenheiten, sich auf allerlei Art zu amüsieren, wurden allenthalben auf großen Plakaten angeboten. Ich übertreibe nicht, wenn ich sage, daß ich bestürzt war.

Auf dem Konsulat gab ich meinen Paß ab und mußte nicht lange warten, bis ich ihn wieder zurückerhielt. Daß keine Vermerke darin eingetragen worden waren, beachtete ich jedoch nicht. Sofort anschließend fuhren wir die ganze Nacht in einem überfüllten Zug weiter. Meinem Kind konnte ich nur ein Plätzchen auf meinem weichen Gepäck bereiten. Endlich kamen wir im Laufe des Vormittags in Salzburg an.

Hier wurden die Pässe kontrolliert. Ich wunderte mich, daß der meine zurückbehalten wurde. Als alle Mitreisenden abgefertigt waren, wurde mir eröffnet, daß in meinem Paß ein Vermerk des Konsulats in Wien fehle, weshalb ich zurück müsse. Ich wollte telefonieren, aber es ging nicht; sie bestanden darauf, daß ich zurückreise und die Einträge machen lasse. In einem Hotel in der Nähe des Bahnhofs übergab ich mein Kind einem Zimmermädchen und fuhr zurück nach Wien. Ich konnte die Kleine nur dem Schutz des Höchsten anbefehlen. Ein ganzer Tag und eine lange Nacht waren vergangen, als ich wieder zurück war.

Lebensmittelkarten waren uns unbekannte Besitztümer, mit Reiseproviant dagegen waren wir gut ausgestattet; aber er ging doch allmählich zu Ende. Wenn uns nicht liebe Menschen Karten geschenkt hätten, wären wir übel daran gewesen; aber überall und in jeder Lage hat der Herr Diener für seine Kinder bereit. Noch einmal mußten wir übernachten, dann, nach elftägiger Reise, kamen wir wohlbehalten zu Hause bei meinem alten, einsamen Mütterlein an. Natürlich hatte ich sie durch eine Karte auf unser Kommen vorbereitet. Meine Schwestern waren alle verheiratet und meine Brüder standen im Feld. Groß war die Freude meiner lieben Mutter über unsere Heimkehr; denn zwei Jahre war sie ohne Nachricht von uns gewesen und hatte uns längst für tot gehalten.

Die Züge verkehrten immer mit großen Verspätungen, weshalb wir oft lange wartend auf den kalten Bahnhöfen hatten stehen müssen, während mein Kind das Fieber schüttelte. Wie leicht hätte sie da eine Lungenentzündung davontragen können, wenn des himmlischen Vaters Auge nicht gnädig über uns gewacht hätte!

Für das Kind war es eine große Freude, als es nach sechs Jahren wieder Schnee und die Eisbahn sah. Es waren ihm liebliche Erinnerungen an den letzten Winter in Deutschland geblieben, und ich hegte die leise Hoffnung, daß die Kleine in unserem kälteren Klima rasch wieder gesunde. Gott aber richtet sich nicht nach menschlichen Hoffnungen, wenn er seinen Plan hinausführen will; sein Ziel mit seinen Kindern ist, daß die Schrift an ihnen erfüllt werde. Ein frommer Mann sagte einmal: »Gottes Liebe ist herb, manchmal sehr herb«, und Hebräer 11, 1 steht geschrieben: »Der Glaube ist eine gewisse Zuversicht des, das man hoffet, und ein Nichtzweifeln an dem, das man nicht sieht«. Das hatte ich ja schon reichlich in meinem Leben lernen dürfen. Meine eitle Hoffnung machte der Herr zunichte; das Fieber kam jetzt an jedem zweiten Tag. Das Wort 2. Petri 1, 5—7 wurde mir dadurch klar. Nur seiner Macht war es möglich, daß mein Glaube in der Feuersglut bewährt und offenbar werde zu seiner Zeit zum Lob seiner herrlichen Gnade.

Das Internat in Monastir, dessen Schule meine Tochter besucht hatte, hatte seit langem nicht mehr unterrichtet; es war Lazarett geworden, und die meisten Schüler waren abgereist. Für kurze Zeit war einigen wenigen noch Unterricht erteilt worden, darunter auch meiner Tochter. Sie hatte immer die besten Noten erhalten und eine Prämie bekommen. Auf die Schule freute sie sich nun wieder sehr, obwohl sie der deutschen Sprache nicht mehr kundig war. In Monastir war nur französisch unterrichtet und gesprochen worden; für jedes fremde Wort, das sie untereinander sprachen, hatten die Schüler fünf Centimes Strafe zahlen müssen. Dem Lehrer mußte ich freilich zuvor versichern, daß keine Ansteckungsgefahr bestehe, ehe die Kleine zur Schule durfte.

Die Fieberanfälle hatten ihre bestimmte Zeit, sie kamen jeden Tag etwas später. Wenn sie anfangs des Monats morgens um acht Uhr einsetzten, kamen sie bis Ende des Monats erst abends um fünf Uhr. Oft blieb das Kind in der Schule, bis der Anfall kam. Obwohl sie mit ihrer ganzen Energie dagegen ankämpfte, war alles umsonst.

Wohlbehalten wieder in der Heimat

Ich hatte vom Herrn die innere Gewißheit, daß mein Kind gesund werde, sobald er mich wieder rufe, und sagte dies auch allen Leuten. Das Frühjahr kam, und die Mutter war mit all ihrer Arbeit allein. Ich ging zwar mit ihr auf das Feld, war ihr aber nicht viel nütze; denn vor Schwäche trugen mich abends die Füße kaum mehr nach Hause. Die Strapazen der Kriegsnot waren nicht spurlos an mir vorübergegangen. Ich war so elend, daß ich keine laute Stimme mehr hatte. In meiner Not schrie ich mit meinem Kind zu Gott und bat: »Entweder mußt Du mir Kraft zu dieser schweren Arbeit oder eine andere Beschäftigung geben. Du bist mein Vater und siehst Dein elendes Kind. Ich habe keine andere Zuflucht als Dich; laß mich nicht zuschanden werden!«

Am andern Tag kam ein Brief von der Schwägerin meiner lieben verstorbenen Gräfin, die um die Not meines kranken Kindes wußte. Sie fragte an, ob es mit der Kleinen noch nicht besser sei; sie wisse eine gute Stelle für mich in einem christlichen Erholungsheim. Bald darauf kam auch von diesem Hause selber ein Brief: man sei durch die Erkrankung der Köchin in Not geraten und bitte mich, für einige Wochen zur Aushilfe zu kommen. – Aus der kurzen Aushilfe sollten einige Jahre werden.

Meine Mutter erhob Einspruch: »Unmöglich kannst du mir das kranke Kind allein zurücklassen; schreib ab!« Mein Kind warf ein: »Großmutter, im Winter hat doch meine Mama gesagt, wenn der Heiland sie wieder rufe, werde ich gesund.« Ich blieb still, schrieb ab und wartete auf den Herrn.

Nach kurzer Zeit kam noch ein Brief mit der Bemerkung, daß ich gut in ihr Haus passen würde, ob es mir nicht doch möglich sei zu kommen. Wortlos übergab ich den Brief meiner lieben Mutter.

Diese las und las und sagte endlich: »Dann geh eben!« Wir beide, mein Kind und ich, freuten uns und dachten überhaupt nicht daran, wie es daheim nach meinem Weggang wohl weitergehen werde. In meinem Herzen klang es: »Der Herr wird's versehen!«

In dem schönen neuerbauten Haus wurde ich herzlich empfangen. Als ich aber in der großen Küche stand und hörte, für wieviele Personen ich täglich zu kochen hatte, wollte mir der Mut sinken. Ich empfand auch, daß die Leitenden des Hauses nicht überzeugt waren, daß ein so schwaches Geschöpf einem so großen Betrieb werde vorstehen können. Sie werden sich wohl dabei beruhigt haben, daß ich nur zur Aushilfe engagiert worden war; doch in meinem Herzen stand es fest, daß mein Herr seine Auferstehungskräfte an mir offenbaren werde, wenn das der Platz wäre, den er mir zugedacht hat. So und nicht anders ist es auch gekommen; ja, über Bitten und Verstehen hat Gott an mir getan.

Nach zwei Tagen telephonierte meine Tochter voll Freude: »Mama, liebe Mama, denk nur, ich habe, seit du weg bist, keinen Malariaanfall mehr bekommen! Der liebe Heiland hat mich gleich gesund gemacht. Mein Lehrer, der Herr Pfarrer und das ganze Dorf freuten und verwunderten sich darüber. Nächste Woche kommt der Arzt; da sollen die Kinder geimpft werden. Er verlangt, daß du dabei anwesend bist. Ich freue mich so, daß ich dich wieder sehen darf.«

Über meinen Bericht war der Arzt sehr erstaunt; noch mehr erstaunt aber darüber, daß das Kind im Wachstum nicht zurückgeblieben, daß alle Organe gut entwickelt und es nach acht Monaten Fieber geistig und körperlich in der besten Verfassung war. Ich konnte in meinem Herzen nur danken und anbeten. Er meinte zwar, das Fieber werde sich wohl jedes Jahr wieder zeigen; wir aber wußten: Was Jesus heilt, das heilt er ganz.

Oft sprach ich mit David in meinem Herzen: »Was betrübst du dich, meine Seele, und bist so unruhig in mir? Harre auf Gott, denn ich werde ihm noch danken! Ja, ich werde ihm noch danken, wenn ich es auch jetzt noch nicht kann.« Und Gott ließ mich nicht zuschanden werden: Nie hat sich das Fieber bei meinem Kind wieder gezeigt.

Der Schönblick sollte nun meine neue Heimat werden, obwohl es von außen gesehen für mich unmöglich war, diesem Betrieb vorzustehen. Nach meiner Beobachtung war das auch die Überzeugung des Hausvaters. Ich trug noch immer die Spuren der im Kriegsgebiet überstandenen Strapazen an mir; auch fehlte mir zu einer Aufgabe wie dieser jede Erfahrung. Der Unterschied zwischen einem herrschaftlichen Haus und einem, wo täglich für über hundert Menschen gekocht werden muß, ist zu gewaltig. Ich aber sah ganz ruhig allem entgegen. Ich war nur der göttlichen Leitung gefolgt und hatte nichts dazu beigetragen, um an diesem Platz zu stehen. Die sicherste Bestätigung vom Herrn war mir die plötzliche Heilung meiner Tochter von ihrer Malaria, seit ich von daheim weg war.

Von Gottes Gnade und Erbarmen zu leben, ist nicht schwer, solang man in sich keinerlei Fähigkeiten findet, Aufgaben zu erfüllen, die vom natürlichen Standpunkt aus unlösbar sind. Von Tag zu Tag durfte ich Gottes Wunderkraft und -macht erfahren. Es bestätigte sich das Wort aus Jakobus 1, 5 auch wieder an mir wie schon oft in ähnlichen Fällen. Allmählich faßte ich Fuß in meinem neuen Wirkungskreis, und nach einiger Zeit bat mich der Leiter des Hauses, den Posten für ganz zu übernehmen. Freudig sagte ich zu. Längst hatte ich erfaßt, daß mein Leben nur dann fruchtbar sein kann, wenn ich in bedingungsloser Abhängigkeit vom Herrn stehe.

Wer täglich Gnadenbrot ißt, erstarkt nach innen und außen. Zur Frage meines Gehalts sagte ich: »Das überlasse ich Ihnen, Herr Missionar.«

Dieser meinte: »Wenn ich Ihnen monatlich aber nur zwanzig Mark gebe?«

Ich erwiderte: »Mein himmlischer Vater weiß, was ich bedarf. Ich habe die Höhe meines Gehalts noch nie selber bestimmt, und es ist immer recht geworden. Des himmlischen Vaters Kinder brauchen für ihr Durchkommen nicht selber zu sorgen.«

Nach meiner festen Anstellung gab ich meine Tochter zu Verwandten, damit sie eine höhere Schule besuchen konnte.

Die Gäste unseres Hauses waren alle nach Leib und Seele der Erholung bedürftig; denn der lange Krieg war an niemand spurlos vorübergegangen. Es herrschte der Geist der Liebe und des Verstehens im Heim, und der Hausvater verstand es trefflich, den Menschen sowohl durch die Verkündigung des Wortes als auch durch Seelsorge wieder zurechtzuhelfen und sie auf den Weg des Lebens zu führen. Der größte Teil unter denen, die kamen, waren Seelen, die sich für Jesus schon entschieden hatten, aber noch tiefer ins Wort eindringen wollten. Alle, an denen des Wortes Kraft nicht vergeblich gewesen war, zogen gestärkt an Leib und Seele fröhlich den Berg wieder hinunter. Von denen, die daheim nachher das Wort in die Tat umsetzten, kam mancher Dankesbrief ins Haus geflogen, was unserem lieben Hausvater wieder neuen Mut und Freudigkeit gab, daß er an seiner schweren Aufgabe nicht müde wurde.

Missionar Braun war viel daran gelegen, seine Gäste nicht nur innerlich, sondern auch äußerlich zu stärken. Sie sollten in der kurzen Zeit ihres Aufenthalts völlig sorgenlos sein und sich der rauhen Wirklichkeit fern fühlen können. Das Kriegsende war immer noch nicht abzusehen, und die Lebensmittelmarken, welche die Gäste mitbrachten, reichten bei weitem nicht aus, gute und kräftige Speisen auf den Tisch zu bringen. Der Hausvater setzte sich deshalb sehr ein und scheute keine Mühe, auf ehrlichem Weg und durch Bitten bei den Behörden immer so viel herbeizuschaffen, daß wir keinen Mangel hatten an irgendeinem Gut. Der Herr tat auch immer wieder eine Tür auf und lenkte die Herzen der Menschen. Die Gäste wunderten sich oft, wie wir es nur machten, daß jeden Tag alle satt wurden und es sogar täglich Nachtisch gab.

Oft kamen wir freilich ins Gedränge und in große Not; aber wir durften auch Wunder über Wunder erleben. Not macht erfinderisch, zumal wenn in einer Küche Jesus der Herr ist. Das durfte auch ich wunderbar erfahren. Gott gab mir Gnade, mit geringen Mitteln immer wieder etwas Neues zu finden. Wir hatten eigene Kühe; dadurch hatte ich genug Milch, um Käse zu bereiten. Vom Fallobst machte ich Apfelmus in große Zwanzigliterkolben ein. Ein solcher Kolben reichte stets für eine Mahlzeit als Beilage zu Auflauf oder Brei. Aus braun gewordenen Äpfeln bereitete ich Essig; und so wurde alles aufs äußerste verwertet und ausgenützt, soweit es nur möglich war.

In meiner früheren gottfernen Umgebung hatte ich mir meine eigene kleine Welt geschaffen, in der ich unbekümmert in meiner kindlichen Einfalt hatte aus Glauben in Glauben leben können. Ich nahm das Wort Gottes wörtlich, lernte bitten nach Gottes, nicht nach meinem Willen und wurde nie enttäuscht. Die Welt um mich her achtete und schätzte meinen Glauben, zog sie aus meiner Glaubenseinstellung doch immer auch einen Nutzen. In den frommen Kreisen dagegen konnte ich mich nicht so frei bewegen; da mußte ich in vielen Dingen umlernen und mich von Schritt zu Schritt hindurchsuchen. Mein Platz war ja immer außerhalb des Lagers gewesen nach Hebräer 13, 13: »So lasset uns nun zu ihm hinausgehen vor das Lager und seine Schmach tragen.« Von Jugend auf hatte mich der Herr einen besonderen Weg geführt.

Unter dem Personal herrschte ein guter Geist. Der Klang fröhlicher Lieder schallte bei der Arbeit durch die Räume. Auch die Töchter – es waren immer drei bis vier, auch einmal fünf –, die das Kochen bei mir erlernten, waren alle aus guten christlichen Häusern. Es war mir ein Herzensanliegen, daß sie nicht nur kochen lernten, sondern unter der Arbeit und dem Getriebe auch Anschauungsunterricht erhielten durch und an einem Leben mit und für Gott. Das wollte ich besonders im Auge behalten und deshalb fest unter der Zucht des Geistes stehen. Zwei Getreue bat ich, mich unbemerkt zu mahnen oder mir mit einem Blick zu sagen, wenn ich mich etwa im Eifer verlieren sollte.

Einmal befand ich mich in einer kleinen Auseinandersetzung, wobei zweifellos das Recht auf meiner Seite war. Meine Stütze, die dicht neben mir an der Arbeit stand, flüsterte mir zu: »Schweig! Die Herrlichkeit geht sonst verloren.«

Uns miteinander im Glauben zu üben, hatten wir immer reichlich Gelegenheit, denn alles war knapp. Im Frühjahr war die schlimmste Zeit. Weil die ersten jungen Gemüse beim Kochen so sehr zusammenfallen, überfiel unsere Kochfräulein in dieser Jahreszeit beim Schöpfen immer die Angst, ob es wohl auch reiche. Ich ermunterte sie oft: »Schöpft nur mutig, Kinder! Es wächst im Topf«. Und es hat immer gereicht. Manchmal blieb sogar auch übrig nach dem Wort des Herrn: »Man wird essen und noch übrig lassen«.

Einmal ließ ich für den Abend Kartoffeln zum Braten zurichten, obwohl ich kein Fett im Hause hatte. Im Lauf des Nachmittags kam eine ganz kleine Zuteilung für einige Marken. In solchen Lagen besprach ich mich nie mit jemand. Der Abend rückte heran. Mutig fingen wir an, Kartoffeln zu braten. Meine Kochfräulein waren an derartige Proben schon gewöhnt und schauten mich nur fragend an.

Wenn der Hausvater geschäftlich verreist war, kam er regelmäßig mit dem Neunuhrzug nach Hause. Aber, o Wunder, was geschah! An diesem Tag kam er einen Zug früher, und heute noch sehe ich ihn freudig strahlend mit einem großen Eimer zur Tür hereinkommen. »Hier«, sagte er, »bring' ich Ihnen etwas. Den Eimer Schmalz hat man mir im Vereinshaus mit der Bemerkung in die Hand gedrückt: ›Das können Sie sicher brauchen‹.« Ich fand keine Worte. Er konnte ja nicht wissen, was das in diesem Augenblick für mich bedeutete, und hatte keine Ahnung davon, daß wir soeben den letzten Rest Fett in die Pfanne getan hatten.

Wir freuten uns miteinander und dankten dem Vater, der seine Kinder nie im Stich läßt. Durch solche Erlebnisse bekamen wir immer neuen Mut, so daß es uns nicht schwer fiel, in ständiger Abhängigkeit vom Herrn zu bleiben.

Einmal, es war im Februar, kam Missionar Braun ganz erregt zu mir und sagte: »Sie haben alle Kohlen verbrannt, und die nächste Zuteilung bekommen wir erst im April.«

Das Zeugnis über Mose: »Er war treu in seinem ganzen Hause, darum war er der Freund Gottes geheißen«, war mir in die Seele geprägt. Darnach handelte auch ich und war mir deshalb der Treue meines Herrn gewiß. Ich erwiderte ganz ruhig: »Immer bin ich darauf bedacht, daß Kohlen nicht unnötig verbrannt werden; das weiß der Herr. Er weiß auch, daß wir keine mehr haben.« Kaum zwei Tage waren vergangen, da fuhr ein großer Kohlenwagen in den Hof.

Freilich stand auch ich nicht immer auf Glaubenshöhen. Die rauhe Wirklichkeit stellte oft harte Forderungen an mich. Einmal war eine Konferenz mit sechzig Herren angesagt, dann wieder ein Bibelkurs und dies und jenes Außergewöhnliche. Ich klagte nie, wie ich es machen soll; aber einmal geschah es doch, daß ich danebengriff. Missionar Braun war einige Tage verreist. In dieser Zeit kam ein Gast, der einen großen Hof hatte, und bot mir ein halbes Rind an. Ohne Bedenken nahm ich es an und freute mich über den großen Reichtum. Das war allerdings ein »schwarzes« Geschäft, und ich mußte alles heimlich halten, was unter den vielen Menschen nicht immer leicht war. Nur meine Stütze weihte ich in das Geheimnis ein. Wenn ich, mein großes Messer in der Hand, mit ihr in die Vorratskammer ging, um das Tier zu zerlegen, schloß ich die Türe hinter uns zu, und wir schauten uns schweigend an. Mein Tun legte sich mir zentnerschwer aufs Herz, und ich konnte bald niemand mehr in die Augen blicken. Nicht lange vorher hatte meine Stütze durch viele Kämpfe hindurch den Heiland gefunden. Es fiel mir schwer auf die Seele, was sie nun mit diesen Heimlichkeiten anfangen sollte. Bis jetzt hatte ich mir das Vertrauen aller Herzen gewonnen — und nun diese Enttäuschung! Ich lag schlaflos in meinem Bett und konnte den Tag nicht erwarten, an dem Missionar Braun wieder nach Hause kam. Dann ging es an ein Beichten. Auch die Sorge um die Seele meiner Stütze verheimlichte ich ihm nicht. Verstehen konnte er meine Tat nicht, weil sie zu meiner Einstellung gar nicht paßte; doch er sah ein, daß ich überrumpelt worden war und verzieh mir gern meinen dummen, unüberlegten Streich. Ich konnte das Fleisch nicht mehr sehen, obwohl ich es bitternötig hätte brauchen können. Sofort telephonierte der Hausvater mit dem Manne und bat ihn, das Fleisch wieder abzuholen mit der Begründung, unerlaubte Sachen paßten nicht in unser Haus. Der fromme Bauer tat freilich nicht wenig verwundert, daß seine Guttat so wenig geschätzt wurde. Solang uns das göttliche Licht noch nicht geschenkt ist, können wir eben kein Unrecht sehen in dem, was dem anderen Sünde ist; doch Gott ist barmherzig und hat viel Geduld.

Diese Barmherzigkeit fehlte mir manchmal. Ich wollte die Menschen über meinen Leisten ziehen und erwartete von ihnen, was Gott noch gar nicht hatte in sie legen können; darum mußte er mich auch so oft demütigen.

Den Lesern kann diese Geschichte zugleich als Beispiel dafür dienen, daß wir noch zu allem fähig sind, sobald wir uns vom Sichtbaren gefangen nehmen lassen und dadurch aus der bewahrenden Gnade fallen. Aus unseren Niederlagen und Fehlern können wir am meisten lernen. Gott sorgt dafür und schafft immer wieder eine Gelegenheit, daß wir überrumpelt werden, um uns daran zu erinnern, daß wir zu allem fähig sind und in uns selbst nichts Gutes haben, wenn die Gnade uns nicht hält.

Hier will ich gleich noch eine andere Schandtat aus meinem Leben offenbaren. Von Zeit zu Zeit bekamen wir eine Kiste mit großen, geräucherten Würsten. Um das Gewicht auszugleichen, war manchmal auch eine halbe dabei. Eines Tages ging der Herr Missionar mit mir in die Speisekammer. Wir sprachen über göttliche Dinge, und nebenbei zeigte ich ihm unsern großen Wurstvorrat. Plötzlich fragte er: »War diese angeschnitten?« Prompt entgegnete ich: »Ja«, worauf wir auseinandergingen. Aber wie hätte ich jetzt noch über göttliche Dinge mit ihm reden können! — das fehlende Stück Wurst hatte ich nämlich einer Schwester gegeben, die mich in meiner schweren Krankheit gepflegt hatte, worauf ich später noch zurückkommen werde.

Ich ging einher wie eine Trauerweide und war froh, als der Tag vollends zu Ende war. Vor dem Schlafengehen kamen täglich ein paar Getreue in meinem Zimmer zum Gebet zusammen, worunter sich auch meine Stütze befand. Sie wunderten sich höchlich, als sie mich schon im Bett antrafen.

»Kinder«, sagte ich, »heute kann ich nicht mit euch beten. Gott hört die Sünder nicht. Ich habe den Hausvater angelogen und muß erst bekennen.« So etwas hätte mir keins von ihnen zugetraut; aber mein Bekenntnis band uns nur noch inniger zusammen.

Mein Appetit war immer sehr minimal. Mein Leibgericht bestand aus einer Schwarzbrotsuppe, die mir meine Mädchen immer liebevoll bereiteten. Sie erwartete mich auf einem Dessertteller frühmorgens schon, wenn ich in die Küche kam. Daß alle es hören konnten, sagte ich am darauffolgenden Morgen: »Stellt nur meine Suppe warm! Ich muß zuvor zum Hausvater gehen und bekennen, daß ich ihn angelogen habe.«

Missionar Braun wunderte sich, als ich schon so früh auf sein Zimmer kam. Ohne lange Einleitung bekannte ich ihm meine Schuld. Immer durfte ich in meinem Leben erfahren, daß wer sich selbst richtet, nicht gerichtet wird, daß aber den die Menschen demütigen dürfen, der etwas zu verschönern sucht. Frei und mit freudigem Herzen ging ich wieder und aß meine Schwarzbrotsuppe mit Hochgenuß.

Als ich in die Küche eintrat, war alles ganz still. Von den vielen Mädchen sprach keine ein Wort. Ich dachte nichts anderes als, nun verdammen sie dich alle, was ich ihnen auch gar nicht übelgenommen hätte. Sie wußten, daß ich die Lüge haßte, und nun war ich selbst zur Lügnerin gestempelt. Ich hätte freilich alles leicht verheimlichen und mir die Schande ersparen können, es wäre nie offenbar geworden. Der Feind bot auch alles auf, um mich am Bekennen zu hindern. Er sagte zu mir: »Du bist damit erledigt; niemand wird mehr Vertrauen zu dir fassen!« Jesu Liebe aber, ohne die ich nicht leben konnte, besiegte mich, und ich war willens, die Folgen zu tragen.

Doch es kam ganz anders. Das Wort erfüllte sich: »Wenn du mich demütigst, machst du mich groß!« Meine Stütze war die erste, die mir insgeheim bekannte, daß sie mich vor noch nicht langer Zeit auch angelogen habe. Ich sagte ihr: »Ich wußte das, ich wollte aber sehen, ob es dich nicht drückt.« Es waren nur wenige, die nichts zu bekennen hatten. Die kleinste Untreue wurde bekannt, natürlich unter Verschwiegenheit. Kleine Kindlein stellt man nicht an den Pranger, nur die Großen sollen sich vor aller Welt schämen lernen. Einst wird es heißen: »Vor ihn hingestellt, jede Hülle fällt!« Wohl uns, wenn wir täglich uns enthüllen lassen und unser Leben ins göttliche Licht stellen! Ich durfte es erfahren, je tiefer wir uns demütigen, umso größere Segnungen hält der Herr für uns bereit.

In unserer Küche hing noch von meiner Vorgängerin her in einer Ecke der Spruch: »Jedes Ding an seinem Ort, erspart viel Zeit, Müh, Arbeit und manch böses Wort«. Ich ließ gleich zu Anfang meines Dortseins als Gegenstück einen andern Spruch anbringen:

In der Welt ist's dunkel; leuchten müssen wir,
du in deiner Ecke, ich in meiner hier!

Nun kam alles anders, als ich gefürchtet hatte; der Herr lenkte die Herzen, daß alle mir mehr Vertrauen als bisher entgegenbrachten. Der Geist Gottes bekam Raum unter uns, wir wurden eine Familie.

Auch in der Hochsaison, wenn das Haus überfüllt war und dazu noch zentnerweise Obst zum Einmachen bereitstand, ging die Arbeit ihren ruhigen Gang, so daß man kein erregtes Wort hörte. Uns war das ganz selbstverständlich; doch eine vornehme Dame, die mit ihrer Begleiterin in unsere Küche kam und Obst und Gemüse zurichten half, fragte beim Abschied: »Ich habe Sie in Ihrem großen Betrieb nun lange beobachtet und nie ein erregtes Wort von Ihnen gehört; sagen Sie mir doch, woher Sie diese Geduld haben! Mein Mann ist auch ein wahrer Christ, und darum interessierte mich Ihr Benehmen sehr.«

Ich sagte kurz und einfach: »Meine liebe Dame, die schenkt uns der Herr aus der Tiefe, wo der Quell des Lebens sprudelt. Je mehr wir uns hinabsenken lassen, desto näher kommen wir in Verbindung mit dieser Quelle und haben immer frischen Zufluß. Und wenn der Herr mich durch meine Fehler demütigen darf, erlange ich den größten Segen.«

Stets hütete ich mich, eines der Mädchen vor den andern zu bevorzugen. Nun hatte ich ein armes, schwächliches Küchenmädchen, dessen ich mich besonders annahm und die ich schonte, so sehr ich konnte. Einige der Mädchen steckten deshalb eines Tages die Köpfe zusammen. Sie hatten öfters die Kohlen für sie tragen müssen und sich deswegen nach und nach alle von ihr abgewandt. An einem Nachmittag, ich war nicht zugegen, explodierte das Pulverfaß. Als ich in die Küche kam, weinte mein Schützling bitterlich. Stumm überblickte ich die Lage, und als ich im Bilde war, sammelte ich alle Mädchen um mich und sagte: »Seht, Kinder, das ist nun die Frucht eurer Saat! Durch eure Eifersucht habt ihr Mißtrauen und Lieblosigkeit in die Herzen gesät, daß sich alle von dem armen Wesen abwandten. Schämt euch und macht es wieder gut!«

Wie leicht und froh ist es zu leben, wenn wir den Finsternismächten keinen Zugang gestatten, immer die Sünde aufdecken und sie beim wahren Namen nennen! Es wurde wieder licht und hell in unserer Küche. Die Mädchen stritten sich darum, der Kleinen alle schweren Arbeiten abzunehmen. Kohlen brauchte sie überhaupt nicht mehr zu tragen.

Vor dem Frühstück hatten wir Morgenandacht mit dem Personal. Das war eine feine Sitte und förderte die Gemeinschaft. Der Hausvater teilte sich mit den Angestellten darein. Wenn die Reihe an mich kam, konnte ich in den meisten Fällen damit rechnen, daß ein Mädchen, das etwas auf dem Gewissen hatte, am Vorabend noch auf mein Zimmer kam, um zu bekennen. Es kam vor, daß der Geist Gottes durchs Wort die Finsternis offenbarte; dann wollten sie sich lieber vor mir schämen als vor allen. Auf diese Weise bekam der Geist Gottes immer mehr Raum unter uns und duldete keine Heuchelei. Ich selbst war und blieb zwar ein armseliges Wesen, voll Schwachheit um und um; aber Gottes Gnade war alle Morgen neu und reichte bis zum Abend und in die Nacht hinein.

Im Herbst 1918, kurz vor Kriegsschluß, brach eine Grippeepidemie aus. Auch wir blieben nicht verschont. Sieben von unseren Mädchen waren schon davon erfaßt worden, und die achte war ich. Wahrscheinlich weil ich keine Widerstandskraft in mir hatte, bekam ich auch noch eine schwere Lungenentzündung und lag im höchsten Fieber danieder. Mein Zimmer lag im Erdgeschoß und hatte keine Sonne. Der Hausvater, der immer sehr um mich besorgt war, trug mich in rührender Liebe in den ersten Stock in ein sonniges Zimmer. Heute noch danke ich ihm für diese Liebe. Das Fieber stieg immer weiter, so daß niemand mehr an mein Aufkommen glaubte. Missionar Braun beauftragte eine Schwester mit meiner Pflege; einen Arzt wollte ich ja nicht. Mit dieser lieben Schwester hatte ich, so gut ich's noch vermochte, innige Gemeinschaft; sie stärkte mich in meinem Glauben und freute sich mit mir. — Gethsemane: »Es kam, daß er mit dem Tode rang und betete heftiger.« Auch für mich hat er ihn überwunden, darum sah ich dem Leben und nicht dem Tod ins Auge, und — Jesus siegte. Nachts um zwei Uhr betete meine liebe Schwester inbrünstig, worauf mich Lebenskräfte durchströmten und ich auf einmal mit lauter Stimme loben und danken konnte. Am Morgen war ich fieberfrei.

Schon um fünf Uhr früh kam unser Hausvater die Treppe herauf mit der besorgten Frage an die Schwester: »Ist sie heute nacht gestorben?«

»O nein, sie lebt«, war ihre Antwort.

»Ja«, sagte er, »wenn man fürchten muß, sie sterbe, dann lebt sie erst recht.«

Nach zehn Tagen schon konnte ich zu aller Freude wieder in der Küche stehen, wenn ich auch noch sehr schwach war.

Da brach die Revolution aus. Alles war in Aufregung, und die Furcht, das Heim werde geschlossen, lastete auf unseren Gemütern. Die Gäste reisten ab. Im Frühjahr 1919, als meine Tochter konfirmiert wurde, ging auch kein Zug mehr. Wie sollte ich zu ihr gelangen? Ich behielt aber dennoch guten Mut und sagte: »Gott wird schon sorgen«, und so geschah es auch. Einige Gäste, die sich zusammentaten, konnten ein Auto auftreiben; darin fand sich auch für mich noch ein Platz. Zwar waren unsere Bestimmungsorte verschieden, dennoch kam jedes glücklich an sein Ziel.

Meine Verwandten hatten alle Hoffnung auf mein Kommen aufgegeben, denn es war schon Samstagnachmittag geworden vor dem Fest. Meine Tochter aber erwartete mich bestimmt; denn sie hatte noch nicht einmal ein Kleid. Dieses wollte ich mitbringen, da ich es selbst angefertigt hatte. Groß war die Freude des Wiedersehens. Zum Fest kam auch noch mein Bruder aus englischer Gefangenschaft; da war das Glück voll.

Eines Nachmittags überfiel mich plötzlich eine große Sorge meiner Mutter wegen. Ich verständigte den Hausvater, worauf ich sofort am andern Tag heimfahren durfte. Es war gerade noch hell, als ich zu Hause ankam. Weil alles verschlossen war, klopfte ich leise am Schlafzimmerfenster. Nach langem Warten antwortete endlich eine ganz dünne Stimme: »Dich hat der liebe Gott geschickt.« Schwer krank traf ich meine liebe Mutter an. Zur Pflege war nur eine Enkelin bei ihr, die aber auch schon im Bett lag. Am andern Morgen gab ich Missionar Braun telefonisch Kenntnis von der Lage, worauf ich acht Tage zu Hause bleiben und meine Mutter pflegen durfte.

Immer war ich darauf bedacht, daß meine Mädchen selbständig arbeiten lernten. Ich weihte sie deshalb in alles ein, damit es keine Stockungen gab, wenn etwas Außergewöhnliches vorfiel oder ich weg mußte. An jedem Sonntag bekam im Wechsel eine von ihnen einen ganz freien Tag, an dem sie wie ein Gast gehalten wurde. Auch unter der Woche sah ich darauf, für jede einen freien Nachmittag herauszubringen. Das machte, daß die Mädchen immer freudig in ihrer Arbeit standen.

Meine Ferien nahm ich immer im Herbst. Darauf freute ich mich jedesmal sehr. Einen Tag vor der Abreise telefonierte mir einmal meine Tochter: »Mutter, komm schnell, die Tante hat eine Magenblutung bekommen und ist arg krank.« Da ich selbst sehr ferienreif war, wollte Herr Braun mir die Pflege nicht erlauben; doch ich konnte nicht so herzlos sein und fuhr hin. Drei Wochen lang pflegte ich meine Schwägerin Tag und Nacht und versorgte daneben die fünfköpfige Familie. Ohne einen Tag Ferien gehabt zu haben, durfte ich danach wieder in der Kraft des Herrn freudig meinen Posten einnehmen.

Die Gäste waren immer sehr zufrieden. Einmal kam ein Gast in die Küche und sagte zu mir: »Ich habe bisher gemeint, meine Frau sei die beste Köchin; aber nun schrieb ich ihr, sie müsse kommen und von Ihnen lernen. Wie machen Sie es nur, daß Sie für so viele Menschen wie im kleinen Haushalt kochen können?«

Ich sagte: »Unser Grundrezept heißt: Koche mit Liebe und Sorgfalt und scheue keine Mühe!«

Ein anderer sagte: »Oben wird gepredigt, und unten wirkt die tätige Liebe.« Aber das nur nebenbei. Dem Herrn allein sei der Ruhm und die Ehre! Er schenkte seinem schwachen, unvermögenden Kinde täglich Kraft und Weisheit.

So vergingen einige Jahre. Endlich gelang es dem Feind ganz unbemerkt, in einigen Herzen Mißtrauen zu säen. Über die Ursachen, die dieses Mißtrauen hervorriefen, möchte ich einen Schleier decken, um niemand weh zu tun. Ich litt sehr darunter. Eine Schwester, die ein großes Geltungsbedürfnis hatte, förderte die Sache noch. In diesen Tagen wurde ich wieder krank. Zur Pflege ging ich zu meiner Schwester. In der Stille kam ich wieder zurecht. Als ich alles an meinem Geistesauge vorüberziehen ließ, wurde mir klar, daß, wo kein Vertrauen mehr vorhanden ist, es nie mehr zu einem gesegneten Zusammenarbeiten kommen kann, und so trennten wir uns.

Preis' Gottes Wege und Gericht,
kannst du sie gleich begreifen nicht!
Wünsch nichts, als daß er seinen Willen
in dir und allem mög' erfüllen!

Unser himmlischer Vater weiß,
was wir bedürfen, ehe wir ihn bitten

Meine Mission im Heim war damit beendet. Der Herr wollte mich für etwas ganz anderes zubereiten, und dazu mußte er mich erst wieder gründlich in die Schule nehmen, daß ich dafür willig wurde.

»Ich bin arm und elend; der Herr aber sorgt für mich!« Bei meiner jüngeren Schwester, die mit einem Lehrer verheiratet war, und die mich aufgenommen hatte, konnte ich mich gut erholen. Dort war ich abgeschieden und konnte mit meinem Gott allein sein, um seinen heiligen Liebeswillen über meinem Leben zu erkennen. Ich hatte ja immer erfahren, daß das Warten auf den Herrn Freude bringt. Ich unternahm nichts, gab auch niemand einen Auftrag, etwas für mich zu suchen oder in Erfahrung zu bringen. Wochen und Monate vergingen darüber, doch in meinem Herzen hatte ich Gewißheit, daß der Herr mich bis 1. Oktober wieder versorge. Das Wo und Wie machte mir keine Gedanken, hat uns doch der Herr Jesus das Sorgen verboten.

In dieser Zeit schrieb mir ein lieber Bruder: »Du bist in einer bedauernswerten Lage: krank, heimat- und stellenlos.«

Ich antwortete ihm: »Ja, es ist dunkel um mich, aber der Herr wohnt im Dunkeln; darum ist es in meiner Seele licht. Jetzt bin ich Gott am nächsten.«

Ein Schwager sagte: »Wenn ich von der Ferne an dich denke, kann ich dich nur bedauern; aber in deiner Nähe wird es einem so wohl ums Herz.«

Daß ich mich überhaupt um nichts bemühte, konnte niemand verstehen. Meine Tochter wurde in dieser Zeit aus der Schule entlassen, und auch mit ihr wußte ich nicht, wohin. Meine kleine Nichte sagte eines Tages: »Liebe Tante, der liebe Heiland kann euch doch nicht einfach nehmen und in ein Haus setzen.«

Kurz darauf telefonierte mir Stadtpfarrer Jehle aus Stuttgart: »Liebe Freunde von mir suchen eine Haustochter. Wenn Sie noch nicht wissen, wohin mit Ihrer Tochter, dann wäre das ein nettes Plätzchen für sie.«

Wir nahmen dies vom Herrn und dankten ihm dafür. »Sieh, mein Kind«, sagte ich zu der kleinen Nichte, »nun hat der liebe Heiland schon eins von uns beiden in ein Haus gesetzt. Bald wird unser himmlischer Vater auch mich wegholen.« — Dir geschehe nach deinem Glauben!

Von Belgrad aus hatte ich mein Erspartes immer nach Deutschland an gute Freunde gesandt. Nach Kriegsausbruch war eine Überweisung über dreihundert Franken von der Post nicht mehr angenommen worden, was ich mir zunächst nicht hatte erklären können. Bald war mir klar geworden, daß der Herr sich dieses Geld für einen andern Zweck vorbehalten wollte, und richtig: der Mann meiner Freundin in Monastir mußte, als er zum Offizier befördert worden war, dreihundert Franken Kaution stellen, die er nicht besaß. Der Herr macht seine Engel zu Winden und seine Diener zu Feuerflammen, um den Seinen aus der Not zu helfen. Weil ich wußte, daß ich das Geld aus dem Feindesland doch nicht mehr herausbringen werde, schenkte ich es ihnen ganz; jedoch als ich wieder in Deutschland war, zahlten meine Freunde das ihnen überlassene Geld wieder an mich zurück. Aus dreihundert Franken wurden, bei der damaligen Umrechnung, zweitausend Mark. Ich wußte zunächst nicht recht, wohin damit; doch in einer Nacht gab mir der Herr ganz klare Weisung. Ich überwies die zweitausend Mark an das Mädchenheim auf dem Zionshügel in Ebingen mit der Bemerkung: »Ich hoffe, daß ich nie in eine Lage komme, in der ich das Geld benötigen werde. Sie dürfen es als Ihr Eigentum betrachten.«

O wie wunderbar wäre es auf dieser Welt, wenn Gotteskinder immer hören möchten, was der Herr redet, und willig wären, seine Aufträge zu erfüllen! Sein heiliger Name würde dadurch verherrlicht und allen Spöttern könnte der Mund gestopft werden, wenn sie sehen müßten, daß der Herr die, welche ihm vertrauen, in keiner Not zuschanden werden läßt. In dem Heim wollte ein Mädchen heiraten, und dazu mußten ihr ihre Bareinlagen in Höhe von zweitausend Mark ausbezahlt werden, die aber nicht flüssig gemacht werden konnten. Von all dem wußte ich nichts. O wie freute ich mich, daß ich durch Gottes Geist recht geleitet worden war! So war mein übriges Geld in Mazedonien schon, als man des Kriegs wegen nichts mehr nach Deutschland schicken konnte, mir ganz unbewußt auf der Himmelsbank angelegt worden.

Völlig unerwartet bekam ich in diesen Tagen von Bekannten aus Tuttlingen, mit denen ich sonst nicht in Verbindung stand, eine Anfrage des Inhalts: »Wenn Sie wegen einer neuen Beschäftigung noch nichts unternommen haben, hätte ich einen Vorschlag für Sie. Ein Freund, der Vormund von zwei schulpflichtigen Waisen ist, klagte mir seine Not. Der Erzieherin dieser beiden Kinder ist die Hausarbeit neben der Betreuung der Kinder zuviel, weshalb sie auf 1. Oktober weggehen wird. Bei dieser Stelle haben wir an Sie gedacht.«

Ich freute und fürchtete mich zugleich. Hausarbeiten, vor allem die schweren Hausarbeiten, war ich ja seit vielen, vielen Jahren nicht mehr gewohnt; nicht einmal mein eigenes Zimmer hatte ich machen müssen. Ich sah meinen schwachen Körper an, der überfordert war, wenn der Herr mir nicht wieder neue Lebenskräfte schenkte. Da müßte es heißen, von ihm die Kraft auch zur gewöhnlichsten Alltagsarbeit zu erwarten.

So schwer es mir auch fiel, der 1. Oktober wurde wieder bestimmend, meines Weges sicher zu werden. Hinab geht Christi Weg! Schweren Herzens willigte ich ein, konnte die Zusage aber nicht wegschicken. Da kam ein Brief von einem Bruder. Dieser schrieb unter anderem: »Heute steht in der Losung: ›Was er euch sagt, das tut!‹« Dies Wort nahm ich direkt vom Herrn und konnte jetzt meine Zusage abschicken. Am 1. Oktober fuhr ich schweren Herzens an meinen neuen Bestimmungsort Tuttlingen.

Im Zug traf ich unerwarteterweise mit meinem lieben alten Freund, Herrn Stadtpfarrer Jehle, zusammen. Ich freute mich sehr darüber. Nachdem ich ihm alles erzählt hatte, sagte ich: »Nun bin ich des Kämpfens und Wanderns so müde; glauben Sie, daß der Herr mir in dieser Stadt eine Heimat und ein Patmos bereithält?« Er meinte: »Wenn es in Gottes Plan steht. Dem Herrn sind alle Dinge möglich.«

Die Eltern meiner Schützlinge, die kurz nacheinander gestorben waren, hatten ihren Kindern ein schönes Haus und ein sehr großes Vermögen hinterlassen. Der Vormund hielt die Kinder überaus einfach; auch im Haushalt mußte sehr gespart werden. Er wollte treu sein und den Kindern ihr Erbe erhalten.

Als ich in dem einfachen Zimmer stand, fragte mich die Frau des Pflegevaters: »Gefällt es Ihnen nicht?«

Ich überwand mich und antwortete: »O, ich werde mich schnell an alles gewöhnen.«

Die Kinder waren lieb und von meiner Vorgängerin, die von Beruf Lehrerin war, gut erzogen worden. Sie waren auch zu kleinen Hausarbeiten angeleitet worden, die sie täglich zu verrichten hatten. Bald hatte ich ihre Herzen gewonnen. Sie hatten Vertrauen zu mir und wollten Tante sagen. Das mißfiel dem Pfleger, doch kam er nicht dagegen auf. Bald fing ich auch an zu begreifen, warum mich der Herr diesen mir so unverständlichen Weg geführt und ich einen mir so lieb gewordenen Beruf hatte aufgeben müssen. Mit Freuden erkannte ich nun meine neue Aufgabe.

Ich wollte den Kindern die Mutter ersetzen, sie hegen und pflegen und dem Heiland zuführen. Von diesem Gedanken beseelt, fiel mir die Arbeit nicht schwer, und der Herr schenkte mir täglich die nötige Kraft dazu. Meine beiden Pfleglinge waren begabt, so daß es ein Leichtes war, ihnen das Lernen zur Lust zu machen. Wir bildeten eine frohe, glückliche Familie. Sie lernten auch, alles dem Heiland zu sagen und mit mir ihre Kniee zu beugen. Es wurden tüchtige und brauchbare Menschen aus ihnen.

Die ersten Monate bekam ich ein kleines Gehalt; aber als das Geld immer mehr seinen Wert verlor, verzichtete ich ganz und trat in des Höchsten Dienst. Ich wollte kein Selbstversorger mehr sein und legte unser äußres und inneres Durchkommen getrost in meines himmlischen Vaters Hände, und — es gefiel ihm wohl. Die Erfüllung des ersten Gebotes schloß mir die Tür zum Vaterherzen Gottes auf, und er ließ mich nicht zuschanden werden. Bald darauf kam die Zeit, da mit dem äußeren Besitz auch die Grundfesten der Menschenherzen zutiefst erschüttert wurden.

Ich hatte mich einer kirchlichen Gemeinschaft angeschlossen und begonnen, mit einigen Seelen Gebetsgemeinschaft zu pflegen. Wir kamen zusammen, sooft es die Zeit leiden mochte. Da kam das Missionszelt in unsere Stadt und wirkte in großem Segen. Viele Seelen wurden erweckt, alte, laugewordene Christen wieder neu belebt und zu neuer Treue angespornt. Dadurch kam es, daß sich auch bei mir immer mehr Menschen einfanden, um weitergeführt zu werden. Der Geist der Buße und Beugung senkte sich in die Herzen und wirkte mächtig in unserer Stadt.

Wiewohl der Vormund ein frommer Mann war, war ihm dies ein Dorn im Auge. Er wußte jedoch genau, daß ich meine Pflicht nicht versäumte und den Kindern deshalb nichts abging. Doch auch das war vom Herrn und hielt mich wach. Den Spruch, den ich in der Schule gelernt und den meine Mutter oft mit uns wiederholt hatte, hielt ich mir immer vor Augen: »So jemand die Seinen, sonderlich seine Hausgenossen, nicht versorgt, der hat den Glauben verleugnet und ist ärger denn ein Heide.«

Eines Tages warnte mich ein Bekannter und riet mir: »Schaffe dir die vielen Menschen vom Hals, sonst geht es dir wie schon einmal. Du weißt doch, daß der Pfleger es nicht gern sieht.«

Ich entgegnete: »Wie soll ich das anfangen? Menschen kommen und sagen: ›Ich bin schon manchesmal an Ihrem Hause auf- und abgegangen, bis ich den Mut fand, heraufzukommen; nun bin ich da und möchte es meinem Herzen leichter machen‹.« Es war bekannt geworden, daß der Geist Gottes bei uns die Sünde beim wahren Namen nannte und nichts verschönert werden durfte. Ich hielt es bei den Seelen wie bei mir selbst mit der Wahrheit und Strenge. Wer die Wahrheit liebte, blieb, die andern gingen wieder ihre Wege; wer aber einmal angefaßt war, kam nicht mehr zur Ruhe. Längst vergessene Sünden wurden herausgegeben — eine alte Frau erinnerte sich bis in ihr sechstes Jahr zurück, wo sie etwas gestohlen hatte —, Lügen wurden bekannt, gestohlenes Gut zurückerstattet oder ersetzt. Bei vornehmeren Leuten gab es viele und schwere Kämpfe, und wir mußten in treuer Fürbitte hinter ihnen stehen, bis sie die Kraft zum Bekennen erlangten. Alle durften wunderbare Erfahrungen machen und erzählten mit Freuden, wie meist auch die von ihnen einst Betrogenen durch das Bekenntnis einen Anstoß bekamen und gerne verziehen.

Eine liebe Schwester aus der Nachbarschaft, die ihr Leben völlig dem Herrn ausgeliefert hatte, stand mir in tätiger Liebe zur Seite, obwohl sie auch einen eigenen Haushalt zu führen und zwei Kinder zu versorgen hatte. Immer war sie bereit, sobald sie merkte, daß ich viel Arbeit hatte, und nahm mir alle schweren Arbeiten wie Putzen, Waschen usw. ab. Wenn ich mich dagegen zur Wehr setzen wollte, dann sagte sie nur: »Du hast viel wichtigere Arbeiten zu tun.« Durch tatkräftige Liebe wollte sie Seelen für Jesus werben und sprang überall ein, wo es nötig war, selbstverständlich immer ohne Bezahlung. Sie hatte auch eine sehr schwache Gesundheit, aber ihr Spruch war: »Indem sie hingingen, wurden sie rein.« Dies durfte sie selber einmal auf ganz wunderbare Weise erfahren. Für eine Familie, in der schwere Krankheit eingekehrt war, sollte die große Wäsche gewaschen werden. Jene hilfsbereite Schwester aber war stark erkältet und hatte Fieber. »Nein« zu sagen brachte sie jedoch nicht übers Herz. Sie kam, und von Stunde zu Stunde wurde es besser mit ihr. Sie mußte den ganzen Tag arg schwitzen, und am Abend war sie gesund. »Wer sein Leben verliert um meinetwillen, der wird's erhalten zum ewigen Leben!«

Durch ihre tätige Liebe, die sich auch über unsere Kreise hinaus erstreckte, wurde manche Seele für Jesus gewonnen, und ihr Beispiel reizte noch viele zu gleicher Liebestat.

Nach einiger Zeit besuchten mich zwei Brüder, um mich wieder für meinen alten Wirkungskreis auf dem Schönblick zu gewinnen. Weinend hingen sich meine Kinder an mich: »Tante, liebe Tante, bleib doch bei uns!«

»Aber gewiß bleibe ich bei euch; beruhigt euch nur!«

Die Brüder sahen selber ein, daß es nicht anders zu machen war.

Ein früheres Kochfräulein von mir betreute auf einem Rittergut die Kinder. Sie erzählte ihrer Dame von mir, und diese hätte mich nun gern als Vertrauensperson auf ihrem Gut gesehen. Das war sehr verlockend für mich, zumal ich ja nie sicher war, ob der Pfleger mich wegen der vielen Menschen, die in unserem Haus aus- und eingingen, nicht noch entlassen werde. Da wäre ich in angesehener Stellung wieder im alten Beruf gestanden und hätte ein hohes Gehalt bezogen. So war es aber nur von außen gesehen. In meinem Herzen erkannte ich sofort, daß mir der Feind eine Schlinge um den Hals werfen und mich ins Sichtbare verstricken wollte.

Da wir Gebetsgemeinschaft hatten, wollte ich auch die Ansicht von einigen Brüdern hören. Der erste, ein Fabrikant, kam in helle Begeisterung und meinte: »Siehst du, das ist vom Herrn. Er hat gesehen, daß du willig warst, den untersten Weg zu gehen. Greif zu, denn du weißt ja nicht, wann du abgesetzt wirst!«

Ich antwortete: »Ich will und kann mein Leben nicht mehr selber in die Hand nehmen; Gott hat mich auf diesen Platz gestellt, und in seinen Händen will ich bleiben.«

»Nun«, meinte er, »dann laß deinen Verstand eben verfaulen! Nur übersieh nicht, daß du deine Tochter nie wirst einen Beruf lernen lassen können, solang du ohne Einkommen bist!« Von seinem Standpunkt aus hatte er ganz recht; ich war ihm deshalb auch nicht böse. Ich aber, als Gebundene Jesu Christi, konnte nicht mehr, wie ich wollte.

Nun suchte ich noch einen älteren, gereiften Bruder auf. Ich verriet ihm meine Stellung nicht; dennoch sagte er sofort: »Das ist vom Feind! Gott will sehen, was dir lieber ist, die Gemeinschaft mit ihm oder ein sorgenloses Leben in der Welt.« Ich war überglücklich und zog fröhlich meine Straße.

Der Dame dankte ich herzlich für ihr Vertrauen und schrieb dazu, daß ich in meinem Leben nicht mehr selber bestimmen wolle; wenn es Gottes Wille sei, daß ich auf ihr Gut komme, müsse mir hier gekündigt werden, was gar nicht ausgeschlossen sei.

Es kam jedoch alles ganz anders. Der Vormund wurde schwer krank, und nach längerem Leiden durfte er in die obere Heimat gehen. Der neue Pfleger meinte anfänglich, so eine schwache Frau wie ich könne doch keine Buben erziehen, und versuchte hinter meinem Rücken alles Mögliche, um eine passende Familie für die Kinder zu finden. Doch der Herr war ihm zuwider; es durfte ihm nicht gelingen. Später sah er ein, daß seine Befürchtungen unnötig waren; er hatte sich oft genug davon überzeugen können, daß mir die Kinder aufs Wort folgten.

Unserem kleinen Gebetskreis war mein Bleiben ein Herzensanliegen. Der Herr gab das Wort aus 2. Chronik 20, 22: »Da sie anfingen zu loben und zu danken, schickte der Herr einen Hinterhalt.« Dies taten sie, und heute bin ich noch hier.

Der neue Pfleger kam manchmal unverhofft schon in der Sonntagsfrühe. Auf seine Entschuldigung, daß er so früh störe, entgegnete ich: »Wir sind immer bereit; uns kann man nicht überraschen.«

Einmal fügte es der Herr so, daß wir uns gerade zur Kirche rüsteten. Meinem Jungen hatte ich einen Sportanzug gemacht und dem Mädel ein nettes Kleidchen. Da freute sich der Vormund mit uns.

Bei einem gemütlichen Beisammensein konnte er es nicht über das Herz bringen, seine Befürchtungen und sein Bemühen, für die Kinder einen Erzieher zu finden, zu verbergen.

Ich sagte zu ihm: »Das habe ich alles gewußt; dennoch werden Sie an mir keine Veränderung wahrgenommen haben. Ich stehe in des Höchsten Dienst und brauche deshalb kein Menschenknecht zu sein. Darum konnten Sie auch nicht über mich bestimmen, wie Sie im Sinne hatten.«

Von da an schenkte er mir sein ganzes Vertrauen und überließ mir alles. Für mich aber galt: Herr, dein Wohlgefallen droben soll mir über alles gehen!

Die Zeiten wurden unterdessen immer schwerer. Die Inflation kam ins Rollen, und das Geld verlor rasch seinen Wert. Plötzlich war jedermann arm und mittellos. Wer täglich verdiente, konnte sich gerade noch über Wasser halten; aber die Armen und Alten waren übel daran. Für uns begann eine wunderbare, segensreiche Zeit, während der der Herr reichlich Gelegenheit hatte, seine Verheißungen an seinen Kindern buchstäblich wahr zu machen, daß es aller Welt in die Augen fallen mußte. Hiob 5, 19—24; Psalm 37, 18. 19. 25. 26 und erst im Neuen Bund all die herrlichen Verheißungen, die Jesu heiliger Mund selber uns gegeben hat. Wer wollte da noch andere Götter neben ihm haben und Selbstversorger sein?

Erquickungszeiten

Ich erwähnte schon, wie durch eine Erweckung in unserer Stadt viele Seelen zum lebendigen Glauben an Christus durchgedrungen waren. Unter jung und alt herrschte reges Leben, und viele, die dies sahen, wurden von der Liebe Jesu so ergriffen, daß sie ihm ihr Herz und Leben gleichfalls übergaben. Niemand vermochte das Werk Gottes aufzuhalten. Ich stellte mich dem Herrn zur Verfügung und wollte nichts anderes sein als ein Werkzeug in seiner Hand und zu seinem Gebrauch, wie und wo und wann er will. Der Herr offenbarte seine ganze Gnade und Liebesfülle und machte seine Verheißungen unter uns wahr.

Unter den Kindern war der Geist Gottes besonders wirksam. Manche Mutter erzählte mit Freuden, daß eine Veränderung mit ihren Kindern vorgegangen sei, wie willig sie ihre kleinen Pflichten verrichten und am liebsten immer noch mehr tun möchten. Auch auf der Straße fiel ihre Dienstbereitschaft auf. Manches alte Mütterlein freute sich, wenn ihr die Last abgenommen wurde oder wenn sie ihren schweren Wagen nicht mehr allein ziehen mußte. Die kindlichen Gebete der Kleinen waren erquickend. Wenn ihr Gewissen erwachte und da und dort eine Sünde oder Unrecht aufdeckte, scheuten sie sich nicht, es zu bekennen. Ein Lehrjunge hatte einmal an einem Obststand einige Kirschen weggenommen. Er ging zu der Frau und bekannte sein Unrecht. Sie verzieh ihm gern. Nach seinem Weggang mußte sie weinen, wie sie selbst erzählte. – Was hat diese Frau wohl zum Weinen bewegt?

Wir hatten einmal acht Meter Holz bekommen. Da wir mitten in der Stadt wohnten, mußte das Holz schnell weggeschafft werden. Ohne daß ich jemand bat, erschienen abends eine Menge Helfer, die sich freudig ans Werk machten. Wir halfen uns immer gegenseitig und machten aus jeder schweren Arbeit ein Fest. Freude an der Arbeit ist halb geschafft. So lebte ich es meinen Hörern vor. Bis die Nacht hereinbrach, war nichts mehr von dem vielen Holz zu sehen; auch auf der Bühne war alles an Ort und Stelle untergebracht.

Das ist des Glaubens Tat, die aus der Liebe wächst. Ich schmückte den großen Tisch mit Blumen; dann durften sich meine Getreuen nach der schweren Arbeit an Vaters Gaben, die ich mit Liebe zubereitet hatte, erlaben. Das Leben ist so schön, wo Jesu Liebe die Herzen regiert. Das Reich Gottes besteht nicht in Worten, sondern in Kraft. Wo diese Kraft zutage tritt, braucht man die Menschen nicht mehr mit salbungsvollen Worten zu überzeugen suchen. Das tat der Herr Jesus auch nicht, aber er gab sein Leben für uns; darum sollen auch wir das Leben für die Brüder lassen. Menschen, die nur sich selbst leben, wissen nichts von der wahren Freude und sind darum auch nie zufrieden.

Für mich selbst hatte ich wenig Zeit. Der Herr ließ mir meine körperliche Schwachheit, und wenn ich ihn bat, wie Paulus ihn gebeten, bekam ich die gleiche Antwort: »Laß dir an meiner Gnade genügen, denn meine Kraft ist in den Schwachen mächtig!« Das durfte und darf ich heute noch reichlich erfahren. Dadurch wurde ich von Jesu Liebe getragen und bewahrt, daß ich nicht in eigenes Wirken verfiel.

Jesus Christus – *mein Herr,* unter dieser Kontrolle wollte ich bleiben. Auch innerlich hatte er mich ganz kurz an sich gebunden, so daß ich immer arm in mir selber blieb. Wenn ich mich auf eine Versammlung vorbereiten wollte, dann verschloß sich Gottes Wort immer vor mir. Trotzdem war die Bibel die einzige Quelle, aus der ich schöpfte. Keinesfalls wollte ich fremdes Feuer auf den Altar bringen, weshalb ich nie erklärende Bücher benützte. Was mir der Herr nicht selber offenbarte, das wollte ich auch nicht weitergeben. Weil ich mich nicht *vorbereiten* konnte, ließ ich mich im Alltag *zubereiten.* Tersteegen sagt einmal in einem Verschen: »Das ärmste Kind am meisten kriegt!«

Weil ich selber nichts bringen konnte, übernahm der Heilige Geist die Versammlung. Er wußte besser, was den Seelen not tat; ich durfte nur sein Sprachrohr sein. Immer hielt der Herr eine Fülle des Segens für uns bereit, so daß mancher Seele eine bestimmte Stunde unvergessen geblieben ist bis auf den heutigen Tag. Dafür kann ich nur danken und anbeten. Es war eine wunderbare Zeit. Der Herr schenkte uns immer das Wort, wie wir es brauchten, und gab Gnade, die erkannte Wahrheit durch Glaubensgehorsam im Alltag auch zu verwirklichen. Kurz gesagt: alle Herzen waren von der Liebe Jesu erfüllt, die zur Opferbereitschaft drängte und die sich selbst vergessen ließ.

Gott ist reich über alle, die ihn anrufen!

Auch in der zweiten Hälfte meines Lebens blieb ich in völliger Abhängigkeit von meinem Gott. Der Pfleger der Kinder bat mich bei meinem Eintritt, daß ich mich mit Unterschrift verpflichte, bei den Kindern, solange sie mich nötig haben, zu bleiben, um von dem vielen Wechsel, den er bis dahin an Erzieherinnen gehabt hatte, enthoben zu sein. Ich hatte genug von der Welt gesehen und war des Wanderns müde; ich sehnte mich deshalb nach einem Ruheort. Trotzdem konnte ich mich nicht an ein menschliches Versprechen binden. Ich sagte: »Meine Zukunft ist des Herrn, darüber darf und will ich nicht verfügen. Gott hat seinen Plan über meinem Leben, und ich will ihm nicht im Wege stehen.« Ihm war mein tiefstes Sehnen nicht verborgen. Obwohl ich mich in keiner Hinsicht binden ließ, stehe ich doch heute noch auf dem gleichen Posten und freue mich und bin fröhlich in Gott, meinem Heil!

Als der Kurs unseres Geldes täglich sank, wurden wir vom Herrn dennoch Tag für Tag reichlich und väterlich versorgt. In dieser Zeit erlernte meine Tochter die Säuglingspflege. Mit achtzehneinhalb Jahren durfte sie schon ihren Beruf ausüben. In den folgenden Jahren machte sie noch zwei weitere Examen für Wochenbett- und große Krankenpflege. Ein Gnadenwunder!

Ich darf bezeugen, daß die Himmelsbank für ihre Einleger immer das nötige Geld bereit hat, das sie von Fall zu Fall brauchen. In meinem Leben beweisen dies die Tatsachen. In der schweren Inflationszeit waren vielen vermöglichen Eltern die Hände gebunden, ihre Kinder einen ordentlichen Beruf erlernen zu lassen, und ich hatte schon viele Jahre keinen Verdienst mehr. Jesu Befehl: »Darum sage ich euch: Sorget nicht für euer Leben, was ihr essen und trinken werdet, auch nicht für euren Leib, was ihr anziehen werdet! Ist nicht das Leben mehr denn die Speise und der Leib mehr denn die Kleidung? Sehet die Vögel unter dem Himmel an: Sie säen nicht, sie ernten nicht, sie sammeln nicht in die Scheunen, und euer himmlischer Vater ernähret sie doch! Seid ihr denn nicht viel mehr denn sie?« suchte ich zu befolgen und wurde dabei nicht zuschanden. Warum? — Weil mir in meinem Leben das Trachten nach dem Reich Gottes im Vordergrund stand und Jesus an jedem sein Wort erfüllt: » . . . so wird euch das Übrige alles zufallen«.

Es wollte mir manchmal bange werden ob meiner Sorglosigkeit; denn ich kam mir selbst zuweilen gleichgültig vor, wenn ich die anderen Menschen betrachtete, wie sie sich um alles ängstlich sorgten. Aber ich hielt mich an Jesu Wort und machte die Probe aufs Exempel.

Als ich nach meines Mannes Tod im Schloß wieder in Stellung trat, nahm ich den ganzen Hausrat mit und löste mein Heim auf. Nach meiner schweren Krankheit brachte ich die Sachen im elterlichen Haus unter, wo sie einige Jahre später ein Raub der Flammen wurden, mitten in der Ernte. Was von den Möbeln hatte gerettet werden können, überließ ich, weil ich keinen Platz mehr dafür hatte, meinen Geschwistern.

An ihren freien Nachmittagen ging meine Tochter in ein Krankenhaus und erfreute die Patienten mit Liedern, die sie auf der Laute begleitete. In dieser Zeit sang sie ein Lied mit der Strophe:

»Raubt auch des Feuers Glut
mir all mein Hab und Gut —
mein ist der Herr;
was will ich mehr!«

Das schrieb sie mir, und ich sagte: »Ja, Amen!« Dieser Herr spricht: »Mein ist Silber und Gold«. Er war und ist und blieb bis heute unser *Herr!*

Das Land des Glaubens war mir seit langem nicht unbekannt. Jeder äußere Verlust hatte mir zum Besten gedient; mein himmlischer Vater war mir dadurch immer nur viel größer und herrlicher und ich innerlich reicher und gereifter geworden. Diesmal jedoch glaubte der Feind, sei es ihm ein Kleines, mich aus der Bahn zu schleudern; aber – Gottlob! – es durfte ihm auch jetzt nicht gelingen. Durch mein inneres Armsein wurde ich immer von Gott bewahrt.

Jesaja 25, 4: Ja, »Du bist der Geringen Stärke, der Armen Stärke in der Trübsal, eine Zuflucht vor dem Ungewitter, ein Schatten vor der Hitze, wenn die Tyrannen wüten wie ein Ungewitter wider eine Wand.« In Gottes heiliger Nähe wird alles so klein und nichtig, daß auch das Schwerste leicht zu überwinden ist. Jesu Waffe gegen den Feind war immer das Wort Gottes. Auch ich hatte nur Sieg über ihn, wenn ich mich im Wort gegen ihn verbarg. Es ist ein herrliches Leben, wenn Jesus selbst die Schutz- und Trutzmauer gegen den Feind in und um uns sein darf.

Die Inflation erwähnte ich schon. In Gerichtszeiten wird offenbar, was wir gesammelt haben. Wer sein Augenmerk nur darauf richtete, Schätze für diese Welt zu sammeln und im Übereifer vergessen hatte, sich ewige Güter anzueignen, war nun ein armer bedauernswerter Mensch. Da gab es viel zu helfen, zu trösten und mit Rat und Tat beizustehen; doch waren nur wenig Helfer da. Jeder hatte mit sich selbst zu tun, und nur selten begegnete man einem Menschen mit fröhlichem Angesicht. Das war sehr traurig. Auf die Gemüter legte sich eine große Trostlosigkeit. Geldentwertung, Arbeitslosigkeit, wohin sollte dies alles führen? Die gesammelten Schätze zerrannen einem unter den Händen.

In meiner Jugendzeit konnte man oft in den Bauernhäusern den Spruch lesen:

> Geld verloren, *etwas* verloren,
> Ehre verloren, *viel* verloren,
> Gott verloren, *alles* verloren.

In der Inflationszeit begegnete man wenig Menschen, die durch den Geldverlust nur *etwas* verloren hatten; die allermeisten hatten *alles* verloren. Jesus sagt ja nicht vergebens: »Wo euer Schatz ist, da ist auch euer Herz.« O, daß du auf meine Gebote merktest . . . !

In normalen Zeiten hat Gott nicht so viel Gelegenheit, durch die Seinen den Reichtum seiner Macht und Herrlichkeit zu offenbaren; während der Inflation dagegen bewahrheitete sich, was Paulus sagt: »Als die Armen, aber die doch viele reich machen; als die nichts haben, und doch alles haben.« Mein Leben und was ich hatte, gehörte ja schon längst dem Herrn. Auch jenes Geld, das ich nicht auf der Himmelsbank angelegt hatte, betrachtete ich nicht als mein Eigentum, und somit war für mich nichts zu verlieren. Wer ein Konto auf der Himmelsbank hatte, der konnte jetzt abheben. Mich Ärmste unter den Armen würdigte der Herr, Schätze von ihm in Empfang nehmen zu dürfen. Von allen Seiten wurde mir zugetragen, nicht nur Geld, auch Lebensmittel; denn unsere Freunde hielten es für selbstverständlich, daß kein Bittsteller mit leeren Händen aus unserem Hause gehen dürfe. So hatte ich immer genug Geld zur Verfügung, um einem jeden aus der augenblicklichen Not zu helfen.

Jawohl, der Herr ist reich über alle, die ihn anrufen, und Hiob 5, 20 erfüllte sich an allen, die ihre Hoffnung auf den lebendigen Gott setzten: »In der Teuerung wird er dich vom Tod erlösen und im Krieg von des Schwertes Hand, und du wirst erfahren, daß deine Hütte Frieden hat, und wirst deine Behausung versorgen und nichts vermissen.« Sie mußten nicht wie die große Masse von Tag zu Tag in Aufregung leben, wie hoch der Dollar wohl wieder gestiegen sei, und dann schnell zum Einkaufen rennen. Ich kaufte immer nur das Nötigste. Hätte ich getan wie die meisten anderen, wäre der Segen bald ausgeblieben.

In den Kaufläden ging es immer sehr lebhaft zu. Ich verhielt mich meistens schweigend, lebte ich doch in einer anderen Welt, in der das Leitwort gilt: »Wo Jesus Christus ist der Herr, wird's alle Tage herrlicher!«

In einem Metzgerladen war einmal große Aufregung. Beim Hinausgehen sagte ich: »Ich habe Goldwährung!«

Ein Mann rannte mir nach und fragte: »Wo haben Sie Ihr Geld angelegt?«

Prompt erwiderte ich: »Auf der Himmelsbank, da trägt es über hundert Prozent Zinsen.« Enttäuscht ging er davon.

Wir wurden nie enttäuscht und konnten auch in dieser Zeit sorgenlos leben und uns freuen; denn wen der Herr segnet, der ist und bleibt gesegnet.

Es sind ja Gott geringe Sachen,
und seiner Allmacht gilt es gleich,
den Reichen klein und arm zu machen,
den Armen aber groß und reich.
Er ist's, der Wunder stets getan
und stürzen und erhöhen kann.

Ja, die Armen durften aus ihres Vaters Reichtum schöpfen und den Segen gerade in dieser armen Zeit austeilen. Heute noch, wenn ich mir alles vergegenwärtige und an die sorgende Liebe meines Heilands erinnert werde, die bis ins Kleinste ging, treibt es mich zur Anbetung. Nur durch Jesus Christus, meinen auferstandenen Herrn, habe ich den offenen Zugang zum Vaterherzen Gottes, und täglich darf ich aus seiner Fülle schöpfen alles, was ich zum Leben und göttlichen Wandel nötig habe.

Ich fragte mich, was wohl die Menschen aus der Vernichtung der irdischen Güter gelernt hatten. Von denen, die sich über ihren Verlust nicht trösten lassen konnten und ihre Hoffnung wieder auf das Irdische setzten, erwartete ich nichts anderes, als daß sie so schnell wie möglich das Verlorene wieder zu erwerben suchten. Mein Augenmerk richtete sich vielmehr auf die christliche Welt, ob sie wohl die Zeit ihrer Heimsuchung erkannte und der Herr ein Neues schaffen konnte. Leider wurde ich enttäuscht. Nur wenige gingen den Weg des Glaubens und erinnerten sich an Jesu Wort: »Ihr sollt euch nicht Schätze sammeln auf Erden!«

Das Gericht ging vorüber. Gott hüllte sich wieder in Schweigen und ließ die Menschen ihre eigenen Wege gehen. Jeder steckte sich wieder ein Ziel und steuerte darauf los. Wer seiner Sache sicher ist, und wem alles gelingt in dieser Welt, der braucht Gott nie zu fragen, und Gott läßt ihn ruhig gewähren. Die Jahre kamen und gingen. Allmählich kehrte wieder Wohlstand in unserem Volke ein, und die Ansprüche ans Leben machten sich wieder mächtig geltend.

Es soll mich aber nichts gefangen nehmen

In aller Demut möchte ich nun mein inneres Empfinden und Erleben in den Jahren, die auf die Zeit der Inflation folgten, niederschreiben.

In den politischen Verhältnissen war große Verwirrung. Jede Partei wollte ans Ruder kommen. Der Unglaube und der Abfall von Gott wuchs von Tag zu Tag. Man schaute nach einem Führer aus. Wo die Gläubigen in dieser Zeit waren, weiß ich nicht. Auch den meisten geistlichen Führern waren die Augen gehalten.

In dieser Zeit wohnte ich in einem christlichen Heim einmal einer Versammlung ernster Christen bei. Sie sahen ihre Aufgabe darin, von Gott einen Mann zu erbitten, der uns aus dem Chaos heraushelfe. Ich war betrübt und hätte es lieber gehabt, wenn sie das Bußgebet von Daniel 9 vorgenommen hätten; aber statt dessen wurde ein Lied der Selbstverherrlichung gesungen. Ich weiß den Anfang nicht mehr, mir blieb nur die eine Zeile im Gedächtnis haften: »Du läßt von den Schlechten nicht die Guten knechten ...« Mit einem tiefen Weh entfernte ich mich und barg den Schmerz in meinem Herzen. Trotz dem verlorenen Kriege saß der Hochmut ungebrochen immer noch tief im Herzen unseres Volkes. Wir erkannten die Zeit unserer Heimsuchung nicht, darum hatte auch der Geist der Buße keinen Raum unter uns.

Blind und taub wollte ich bleiben für alle äußeren Erfolge, die in die Augen stachen. Ich sah hinter allem das Kreuz. Die Offenbarung Johannis war in jener Zeit mein liebstes Buch. Über ein Jahr behandelten wir es im engen Kreise.

Der Herr ließ uns Lichtblicke tun in das, was uns bevorstand. Wer darauf acht hatte, zog die Waffenrüstung Gottes an und wurde nicht überrascht. Wir hielten uns an Jesu Wort: »Selig sind die Knechte, die der Herr, so er kommt, wachend findet. Wahrlich ich sage euch: er wird sich aufschürzen und wird sie zu Tische setzen und vor ihnen gehen und ihnen dienen.« Sie haben's gut.

Wenige waren wach. Unser Volk lag in tiefem Schlaf, sonst hätte es nicht so überrumpelt werden können. Auch auf den Christen lag der Geist des Schlafs, und schlaftrunken meinten sie, Christi Kreuz lasse sich mit dem Hakenkreuz verbinden. Nur wenig Widerstand wurde geleistet.

Ein altes Mütterlein, das in ihrem hohen Alter noch den Heiland gefunden hatte und überaus glücklich war, sagte mir bei einem Besuch: »Sie wollen uns Christus nehmen. Aber nein, das können sie nicht; denn er lebt in uns und streitet für die Seinen. Sein Sieg ist unser Sieg; das haben wir ja schon oft erfahren, gelt.« O wie freute ich mich, da und dort ein solches Zeugnis zu hören!

Jedem Christen war nun Gelegenheit gegeben, mit der Tat zu beweisen, daß Jesus Christus, der Auferstandene, in ihm lebe; aber leider konnten nur wenige mitsingen:

Wir fürchten unsre Feinde nicht;
denn Jesus führt den Krieg,
und selige Erfahrung spricht:
Wo Jesus ist, ist Sieg!

O, die Furcht fürs eigene Leben, wie nahm sie die Menschen gefangen! Wie gebannt krochen sie zum Hakenkreuz, und — Gott schwieg. Er hat unendliche Geduld mit uns, und sein Erbarmen hat kein Ende; doch hat er sich mit jedem Menschen sein Ziel gesteckt. Wenn wir einem Kreuz aus Feigheit aus dem Wege gehen, geraten wir erfahrungsgemäß in noch größere Versuchungen hinein. Das konnte man später mit Entsetzen sowohl bei einzelnen als auch bei ganzen Familien wahrnehmen. Vieles könnten wir uns durch Gehorsam gegen Gottes Willen ersparen; aber der Mensch will geplagt sein und kommt zuletzt auf seinen selbsterwählten Wegen um.

Die Zeit unserer Heimsuchung wurde nur von wenigen erkannt. Wer im Worte Gottes nicht gründlich zu Hause war und keinen persönlichen Heiland hatte, sah die Gefahr nicht und konnte nicht bestehen. Im Toben der Wahlkämpfe hielt ich meine Augen offen. Für mich galt das Verslein von Tersteegen:

> Ein ganz vergess'ner Bürger sein,
> von dem man nicht viel weiß noch höret,
> nur Gott bekannt und Gott gemein,
> so lebt man frei und ungestöret.

Meinen »Führer« hatte ich ja schon längst gewählt und seine Treue erprobt; ihm blieb ich treu. Ich wollte keine Heuchlerin sein. Alle Vorstellungen und Drohungen waren deshalb zwecklos. Kein Mensch hätte mich zum Wählen bewegen können. Als man mich einmal holen wollte, war mir bange, meine Pflegetochter werde vielleicht auch auf ihrer Seite stehen; doch zu meiner Überraschung sagte sie: »Nie könnte ich mir meine Tante an der Wahlurne vorstellen.«

Alles Weltgeschehen ist immerwährende Wiederholung in Gnade und Gericht. Der König Salomo sagt ja schon: »Es geschieht nichts Neues unter der Sonne.« Das kleine Häuflein, das seinen Führer nicht wechseln konnte und wollte, hatte es nach der Machtübernahme nicht leicht, gegen den Strom zu schwimmen. Einsam und geächtet zu sein schließlich auch unter den Frommen, das konnte niemand aus eigener Kraft. Da galt das Heilandswort: »Bei den Menschen ist's unmöglich; bei Gott aber sind alle Dinge möglich.«

Der Feind behielt uns scharf im Auge und ließ nichts ungenützt, uns durch irgendein Nachgeben zu Fall zu bringen. Doch das treue Hirtenauge wachte. Selber hätten wir uns nicht bewahren können; aber der Herr stritt für die Seinen. Die Anfechtung lehrte uns immer mehr aufs Wort merken. Das teure Gotteswort hat uns nie im Stich gelassen!

Wir wußten uns nur als die Geduldeten in der Welt, und dementsprechend verhielten wir uns auch. Der Herr Jesus sagt zu seinen Jüngern: »Wenn euch die Welt haßt, so wisset, daß sie mich vor euch gehaßt hat. Wäret ihr von der Welt, so hätte die Welt das Ihre lieb; weil ihr aber nicht von dieser Welt seid, sondern ich habe euch von der Welt erwählt, darum haßt euch die Welt!« – »Dein Wort war meine Speise, da ich's empfing, dein Wort ist meines Herzens Trost und mein Teil.«

All das Geschehen, das von keiner Macht der Welt hätte aufgehalten werden können, und vor dem alles machtlos die Hände sinken ließ, beleuchtete uns der Herr durch Offenbarung 13, 11–18. Aus der Erde, aus dem Volkssehnen stieg diese alles beherrschende Macht empor. Unser Volk war reif dafür. Es wollte wieder groß und herrlich werden. Der Geist des Hochmuts hielt uns gefangen. Wer sich die Mühe machen wollte, diese Verse aus Offenbarung 13 zu lesen und sie sich vom Geiste Gottes beleuchten ließe, der bekäme einen

Einblick in die Geschehnisse, wie sie sich tatsächlich zugetragen haben.

Wir dagegen hatten es gut und konnten alles in der Schrift bestätigt finden. Das Wort Gottes paßt für alle Zeiten und ist ewig neu. Hat sich nicht alles so erfüllt, wie es hier geschrieben steht? — Wer die Bibel kennt, weiß, daß Gott sein Volk Israel, wenn es in seinen Wegen wandelte und ihn als Führer begehrte, nie in die Hand von Gewaltherrschern fallen ließ oder seinen Feinden preisgab. Wenn sie ihre Hoffnung auf den lebendigen Gott setzten, dämpfte er ihre Feinde und stritt für sie.

Bewährungszeit

Das Wort Gottes wurde teuer im deutschen Land. Wer nicht Felsengrund unter den Füßen hatte, tauchte im großen Haufen unter. Bis daher hatte man ohne äußere Schwierigkeiten in Jesu Nachfolge stehen und seines Glaubens leben können. Nun aber brach eine neue Zeit an, da jeder Farbe bekennen mußte.

Unser deutsches Volk war von Gott besonders begnadet worden. Wir hatten immer treue, lebendige Zeugen gehabt, die das Wort Gottes lauter und rein verkündigten. Landauf, landab hatte der Herr Erweckungen geschenkt. Es war zum Staunen, wie nun in der Zeit der Not so wenig Frucht zu finden war. Das Wort der Schrift erfüllte sich: »Aber zur Zeit der Anfechtung fallen sie ab.«

Die wahren Christen hatten nun Gelegenheit, ihren Glauben zu beweisen; das kostete sie aber manches Opfer. Durch die Bekenntnisfront wurde zwar Widerstand geleistet, doch mit bescheidenem Erfolg. Ich hörte einmal einem Gespräch von zwei ernsten Christen zu. Sie waren voll froher Hoffnung und hatten den Sieg schon wie in der Tasche. Nachdem sie sich genügend ausgesprochen hatten und hochbefriedigt waren, trat ich zu ihnen und sagte: »Meine Herren, es ist alles gut, was sie sagen; aber Gott hat sein Angesicht von uns gewandt. Vor Ostern kommt — *Golgatha!*« Sie schauten mich verwundert an, und ich ging zur Tür hinaus.

Golgatha, ja Golgatha! Wer nicht unter dem Kreuz einen Zusammenbruch erlebt hat und dort als Schuldiger von der Macht der gekreuzigten Liebe überwunden worden ist, ist auch nicht fähig, in entscheidenden Augenblicken sein Leben für Christus zu wagen. Wo waren sie denn alle, die lieben Christen, die treu die Gottesdienste besucht und vielleicht ein tadelloses Leben geführt hatten, soweit man es in *eigener* Kraft vermag? Wenn es ans Leben geht, versiegt der Quell, der aus dem *Eigenen* entspringt. Der Herr Jesus sagt ja selbst, es könne niemand etwas aus sich selber nehmen, »es werde ihm denn gegeben von meinem Vater«.

Ein Verwandter war ein treuer Anhänger der Bekennenden Kirche und besuchte eifrig deren Versammlungen. Er war Beamter. Bei einem Besuch fragte ich ihn: »Wenn man dir heute sagt: ›Sie müssen sich endlich entscheiden: herüber oder hinüber. Wenn Sie sich weiter zu dieser Sache bekennen, dann werden Sie Ihres Dienstes enthoben‹, was dann?« Erschrokken meinte er: »So weit wird es doch nicht kommen, der Führer ist doch auch christlich.«

Nachdem ich meine Meinung geäußert hatte, sagte er: »Du Schwarzseherin, du bist doch nur eine Frau und willst alles besser wissen. Die großen Gottesmänner werden wohl einen weiteren Blick haben als du.«

Gern ließ ich mir das gefallen und sagte darauf nur: »Wir sprechen uns einmal wieder.«

Als nach dem ersten Krieg in Rußland der Bolschewismus den Sieg davongetragen hatte, wurde ich an die Begegnung auf meiner Rußlandreise mit jener Dame im Zug erinnert. Ja, der russische Bär hat seine Tatze zu einem gewaltigen Schlag erhoben.

Vor dem ersten Krieg seufzte das arme Volk unter seinem Joch. Der Teufel hatte in Rußland leichtes Spiel, er brauchte sich dort nicht zu tarnen, um den Menschen den Glauben aus dem Herzen zu reißen. Der göttliche Funke, der in jeder Seele glüht — ich nenne ihn den Gottesgedanken, den Gott in jedem Menschenherzen verwirklichen möchte —, wurde mit Gewalt erstickt oder ihm doch durch die vielen Ungerechtigkeiten die innere Wärme genommen, so daß er sich nicht mehr am göttlichen Licht entzünden konnte. Das russische Volk hatte ein gutes, warmes Herz. Die Menschen konnten ihr Letztes geben; ihr Wahlspruch war: »Gott gibt«. Selten traf ich irgendwo eine solche Gastfreundschaft an wie in Rußland. Ich lernte dieses Volk schätzen und lieben, weshalb wir es uns im zweiten Weltkrieg nicht nehmen ließen, seinen Angehörigen die Lage zu erleichtern, wo wir nur konnten. Zwar setzten wir uns dadurch großen Gefahren aus, sogar im eigenen Haus; wir fürchteten uns aber nicht, sondern vertrauten unserem Herrn und durften das Bibelwort erfahren: »Wenn jemandes Wege dem Herrn wohlgefallen, macht er auch seine Feinde mit ihm zufrieden« oder verschließt er ihnen wenigstens den Mund. Wenn Christus durch den Glauben in unseren Herzen wohnt und wir durch die Liebe eingewurzelt und gegründet sind (Epheser 3), erfüllt uns diese Jesusliebe, die stärker ist als der Tod.

Unter den russischen Gefangenen war ein großer Unterschied, und der Herr wachte auch da über die, welche Gott fürchteten und liebten und erleichterte ihnen ihr Los.

Weil fast alle Männer eingezogen und alle Kräfte aufgeboten wurden, den Sieg für Deutschland zu erringen, konnte man im Krieg niemand mehr zum Arbeiten finden. Wie gut hatten wir es auch in diesem Stück! Vier russische Kriegsgefangene, die in unsrer Nähe ihre Arbeitsstätte hatten, waren immer darauf bedacht, herauszufinden, wo bei uns Hilfe not war. Stand ein Kohlenwagen im Hof, der schnell abgeladen werden mußte — ehe ich mich versah, war er schon leer; sie hatten ihre knappe Mittagspause darangerückt. Die Gartenarbeit fiel mir sehr schwer. Das sahen sie und waren immer zur Stelle, wenn es zu schoren oder zu hacken gab. Im Winter standen sie schon vor sechs Uhr da, um den Schnee zu entfernen. Wir hatten eine sehr große Fläche zu reinigen, was jedesmal viel Zeit brauchte. Ich hielt sie dafür wie Kinder. O, wie dankbar waren sie da, wie schmeckte ihnen ihre russische Borschsuppe am gedeckten Tisch! Oft überwältigte sie das Heimweh. Meine Tochter schenkte ihnen ein russisches Neues Testament. Ihre Freude war groß. Wir konnten mit ihnen auch über göttliche Dinge reden, da meine Tochter etwas russisch spricht.

Wenn sie Ausgangssperre hatten, bei uns aber eine schwere Arbeit angefallen war, so brauchten sie nur zu ihrem Lagerführer zu sagen: »Mutter hat Arbeit für uns«, dann durften sie gehen. Dieser kannte uns zwar nicht; aber er hatte bald herausgefunden, daß wir einen guten Einfluß auf seine Leute ausübten und freute sich selbst, wenn sie so fröhlich und zufrieden zurückkehrten. Nach der Besetzung kamen sie so schnell weg, daß zum Abschiednehmen keine Zeit mehr blieb.

Nach einigen Wochen erschien einer von ihnen als strammer Offizier. Wir staunten, obwohl wir oft bemerkt hatten, daß er gebildeten Kreisen angehören mußte. Infolge seiner großen Bescheidenheit hatten wir jedoch kein klares Bild über ihn bekommen können. Er ließ es sich nicht nehmen, uns eine kleine Freude zu machen. Zum Abschied sagte er: »Nie, nie werden wir unsere Mutter und Schwester vergessen und immer für sie beten.«

Sein ist Silber und Gold

Daß ich durch den Brand meines elterlichen Hauses fast alles verloren hatte, habe ich schon erwähnt. Weil ich mich mit mir selber nicht viel beschäftigte, hatte ich nie daran gedacht, mir wieder eigene Möbel anzuschaffen, bis mich eines Tages eine Schwester — nicht gerade in liebevoller Weise — mit der Frage daran erinnerte: »Wann willst du eigentlich wieder in eigenen Betten schlafen?« Ich stutzte; sie hatte eigentlich recht.

Der Herr ist treu. »Er denkt an uns und segnet uns.« Meine Tochter besuchte einmal in ihren Ferien eine Heilanstalt. Die Heimreise unterbrach sie, um zwischen zwei Zügen uns nahestehenden Geschwistern einen kurzen Besuch zu machen. Dort lernte sie einen gläubigen Schreiner kennen, der nach der Inflation ein Geschäft gegründet und sich kurz darauf eine neue Werkstatt gebaut hatte. Dadurch war er in Schwierigkeiten geraten und konnte seinen Verpflichtungen nicht mehr voll nachkommen. Weil er eine große Familie hatte, ging meiner Tochter seine Not zu Herzen. Zu Hause angekommen, sagte sie: »Mutter, könnten wir nicht unsere Möbel bei diesem Manne bestellen, um ihm damit aus der Not zu helfen?«

Gegen diesen Gedanken vermochte ich nichts einzuwenden, wir besaßen aber keinerlei Mittel, ihn zu verwirklichen. So sagte ich darauf nur: »Der Herr weiß, wie es um uns steht. Wenn es sein Wille ist, daß wir wieder in einer eigenen Einrichtung wohnen dürfen, dann muß er uns einen klaren Weg zeigen, wie wir dazu gelangen können.« In der Stille bewegte ich die Sache vor dem Herrn. Als ich Gewißheit darüber empfangen hatte, gab ich bei dem bedrängten Handwerksmeister meine Bestellung auf. Meine Tochter verdiente bei ihren Pflegen zwar nicht sehr viel, denn sie war noch sehr jung; aber mein Vermögen lag ja auf der Himmelsbank. Später gestand mir eine Schwester: »Ich bin erschrocken und dachte, wie wird sie wohl das Geld für dieses Wagnis aufbringen?« Ja — sein ist Silber und Gold!

Wieder durfte ich erfahren, daß der himmlische Vater seine Kinder auf dem Gehorsamsweg in ihrem unbedingten Vertrauen auf ihn nicht zuschanden werden läßt. Kaum waren die Möbel in Auftrag gegeben, konnte ich dem Mann schon hundert Mark senden, acht Wochen später sogar fünfhundert Mark. Ich muß hinzufügen, daß ich bei keinem Menschen Geld zu leihen versuchte und auch keine Schulden machte. Der Herr tat die Schleusen des Himmels auf und schüttete Segen die Fülle herab. Noch ehe die Möbel in Angriff genommen waren, war schon fast die Hälfte des Preises bezahlt.

Der Herr fügte es, daß meine Tochter in jener Zeit eine Pflege in einem hohen und sehr reichen Hause bekam. Schon ehe sie eintrat, wurden ihr hundert Mark ausbezahlt, damit sie sich zu Hause erst einmal erholen könne. Nach der glücklichen Geburt des Kindes erhielt sie abermals hundert Mark und zur Taufe wieder. Dazu kam noch ihr Gehalt von hundertzwanzig Mark. Später wurde ihr noch eine Fahrkarte zu einer zehntägigen Reise nach Italien und zweihundert Mark Taschengeld zum Geschenk gemacht, wovon wir vor ihrer Abreise noch die Kosten für neue Daunendecken bestritten.

Die Möbel waren bezahlt, ehe sie fertig waren, und dem Schreiner war auch aus seiner Not geholfen. Er sagte zu seinen Bekannten: »Es hat doch niemand bares Geld. Ich weiß nicht, wo diese Leute das Geld herbringen.« Auf einem Kalenderzettel las ich einmal: »Wo Geist ist, ist Geld«. Auf Grund meiner Lebenserfahrungen bejahe ich dies. Der Herr schenkte uns ein viel schöneres Heim, als wir es vorher gehabt hatten. Es fehlte uns an keinem Guten. Dazu haben wir noch einen offenen Himmel, der uns täglich zum Anbeten stimmt und uns lockt, aus allem ein Gebet zu machen.

Schon bei dem Tode meines lieben Mannes lernte ich *»wozu?«* und nicht *»warum?«* zu fragen. Wenn Gott ein Unglück oder eine Not über sie kommen läßt, bleiben die meisten Menschen beim »Warum?« stehen. Ich durfte es immer in meinem Leben so erfahren, daß bei allem Leid Gott Liebes- und Gnadenabsichten über mich hat und seine Herrlichkeit dadurch offenbaren will. Dies kann er aber nur, wenn wir still zu seinen Füßen bleiben und »harren auf sein Wort, bis er es ganz erfüllt«.

Wer möchte in schweren Tagen es ebenfalls versuchen, vor

Gott mit einem »*Wozu?*« und nicht mehr mit einem »*Warum?*« zu stehen?

Mit vielen Beispielen habe ich bewiesen, daß dem Herrn nichts zu groß und nichts zu klein ist, wenn es gilt, seine Allmacht zu offenbaren, um sich dadurch an seinen Kindern zu verherrlichen. Ein Baum kann nur Frucht bringen, wenn er eingewurzelt bleibt.

Laß meinen Gang gewiß sein in Deinem Wort!

Ich möchte nicht mißverstanden werden, wenn ich mein Leben mit dem vielseitigen und außergewöhnlichen Weltgeschehen verflechte. Nur vom Blickfeld der Bibel aus konnte ich dies wagen. Meine Person soll dabei völlig im Hintergrund bleiben. In Gerichtszeiten redet der Herr ja ganz offensichtlich, und darum war und ist mir gerade in solchen Zeiten sein Wort auch meine einzige Orientierung. »Das Wort Gottes ist lebendig und kräftig und schärfer denn ein zweischneidig Schwert und dringt durch, bis daß es scheidet Seele und Geist, auch Mark und Bein, und ist ein Richter der Gedanken und Sinne des Herzens« (Hebräer 4, 12).

Es soll nicht den Anschein erwecken, als ob ich Kritik üben oder gar jemand verurteilen wolle, sondern ich sage alles nur deshalb, um herauszustellen, daß es in solch ernsten Entscheidungszeiten bei jedem Menschen, es sei ihm lieb oder leid, zutage tritt, inwieweit Gottes heiliger Wille sein Leben bestimmt, ob er in Christus an die für ihn gekreuzigte Liebe gebunden ist oder nicht, ob er seiner inneren Überzeugung gemäß handeln kann, koste es, was es wolle. Ja, das Wort Gottes scheidet Seele und Geist.

Unser Volk sehnte sich aus der Lage heraus, in die uns Gott gestellt hatte; es schaute nach dem großen Mann aus, der uns wieder zu Ehren bringen sollte unter den Völkern. Gott schwieg und ließ es geschehen.

Die Schrift sagt: »Wer stolz ist, den mag er wohl demütigen.« Ja, es war ihm Macht gegeben. Von wem? Offenbarung 13, 12. 15. 16 steht's geschrieben. In eigener Kraft hätte er sich unser Volk nicht unterwerfen können.

Und das Volk Gottes? — In Vers 7 heißt es: »Er wird streiten mit den Heiligen und wird sie überwinden.« In der Schrift ist alles Wiederholung. Gott hatte sein Angesicht von uns gewandt.

Die Wahltage, die großen Kundgebungen und Feste waren für uns Trauertage. Ein Wahltag bleibt uns unvergeßlich. An einem Gründonnerstag wurden einige unserer Brüder mit Gewalt aus ihren Häusern gezogen. Die versammelte Volksmenge schrie: »Hängt sie auf! Ihr Heiland soll ihnen zu fressen geben!« Unter Püffen und Stößen wurden sie auf den Marktplatz geführt. Einer von ihnen wurde angespieen, einem anderen wurde ein Eimer voll . . . vor das Gesicht gehalten mit den Worten: »Da hast du eine Wegzehrung für Moskau.« Über Nacht wurden sie in Verwahrung genommen. Nach Malachia 3 ist vor Gott ein Denkzettel geschrieben; später hat er in mancher Familie dieser politischen Eiferer gewaltig geredet. Wir verharrten im Gebet und waren getrost. Am anderen Morgen wurden die Brüder wieder freigelassen. Manche Menschen fingen an zu erwachen und sagten: »Habt ihr die Christenverfolgung gestern abend auch gesehen und gehört?«

Ein guter Parteimann, der unterrichtet war, riet uns, zu verreisen, weil das gleiche Schicksal auch auf uns Frauen warte. Ich sagte: »Wer glaubt, flieht nicht.« Hebräer 10, 38, 39: »Der Gerechte wird des Glaubens leben. Wer aber weichen wird, an dem wird meine Seele kein Gefallen haben. Wir aber sind nicht von denen, die da weichen und verdammt werden, sondern von denen, die da glauben und die Seele erretten.« Der Herr hielt seine Hand über uns, so daß ihr Plan nicht ausgeführt werden durfte. Der Geist der ersten Christenheit hatte Raum unter uns und ließ keine Not in den Familien aufkommen; obwohl den Männern die Arbeit entzogen und einem sogar sein Geschäft boykottiert wurde, sind sie reichlich, auch mit Lebensmitteln, versorgt worden. Selbst von weltlicher Seite fanden wir Geld in den Briefkästen. Die treuen Geber entdeckten wir erst nach Jahren.

Im Verborgenen kamen wir zusammen und beugten uns vor dem Herrn wegen unserer und unseres Volkes Sünden. Unsere Bitte war: »Herr, senke uns tiefer hinab, daß wir tiefer verwurzelt werden in dir und kein Sturm der Zeit uns knicken oder entwurzeln kann!« In der Fürbitte wollten wir bleiben für alle, die innerlich »Nein« sagten, aber nicht den Mut aufbringen konnten, gegen den Strom zu schwimmen. Der Herr hatte seine Siebentausend, die ihre Kniee nicht beugten vor Baal, er deckte sie in der Felsenkluft und bewahrte sie in den Versuchungen. Ach, wie machtlose, ärmliche, furchtsame Menschen waren wir!

Wie begeistert war früher immer das Lutherlied gesungen worden:

> Nehmen sie den Leib,
> Gut, Ehr, Kind und Weib,
> laß fahren dahin!

Sie haben's kein'n Gewinn;
das Reich muß uns doch bleiben.

Nun wurde offenbar, wer Besitzer dieses Reiches war. Dazu kann sich kein Mensch selber machen, das kann nur der Herr in denen wirken, die sich das neue Leben schenken lassen, das Jesus uns erworben hat. Als wir die Offenbarung behandelten, sagte ich oft: »Nur wer zwei Leben hat, ist willig und fähig, das eine — das natürliche — zu lassen.«

Daß unserem christlichen Volk so bald das Ultimatum gestellt werde, hatte niemand gedacht. Nur wenige waren darauf vorbereitet. Ein lieber Gottesmann sagte einmal zu mir: »Was ihr da macht, ist verfrüht; es geht noch nicht um Christus.« Im Anfang war das freilich nur schwer zu erkennen. Der Feind wußte, daß in unserem Volk noch Treue und Glauben vorhanden war, darum tarnte er sich und wurde fromm. Ich erwiderte nur: »Wachet! Jetzt wird es gefährlich«, und es dauerte nicht lange, da zeigte er sein wahres Gesicht.

Als das erste Mal die Hakenkreuzfahnen an den christlichen Häusern wehten, ich meine an den Häusern derer, die eine besondere Stellung im Reiche Gottes einnahmen, wollte es mich fast zu Boden drücken. »Sollen wir nicht aus der Kirche austreten?«, fragte eine treue Christin daraufhin ihren Pfarrer.

Erschrocken gab er zurück: »Was sollen dann wir, wenn die Gemeinde nicht mehr hinter uns steht? Man hat uns ja schon die ganze Jugend genommen!«

»O!« meinte sie, »wenn Jesus nicht vor und hinter Ihnen steht, ist doch alles verloren. Sie sehen ja, daß heute auf die Christen kein Verlaß mehr ist.«

Der Pfarrer fragte: »Woran erkannten Sie denn die Gefahr?«

»Was von *unten* kommt, macht den Menschen groß, herrschsüchtig und selbstherrlich«, war ihre Antwort.

Die Schrift sagt: »Es soll nicht durch Heer oder Kraft, sondern durch meinen Geist geschehen.« Wo dieser Gottesgeist nicht Raum hat, gibt es nur Niederlagen. Schon Jesaja klagt: »Was aber noch übrig ist von der Tochter Zion, ist wie ein Häuslein im Weinberg, wie eine Nachthütte in den Kürbisgärten, wie eine verheerte Stadt. Wenn uns der Herr Zebaoth nicht ein weniges ließe übrig bleiben, so wären wir wie Sodom und gleich wie Gomorra.«

Ich möchte Beispiele von zwei jungen Männern anführen, die von Jesus ergriffen waren. Das erste weiß ich nur aus zweiter Hand, den zweiten Jüngling kenne ich persönlich und habe selber viel mit ihm erlebt.

Der erste hatte es in der Kaserne unter seinen Kameraden sehr schwer. Um seines Glaubens willen mußte er viel leiden. Es kam vor den Hauptmann. Dieser wollte der Sache auf den Grund gehen und ließ die Kompanie antreten. Er durfte sich verteidigen und sang zuletzt ganz unerschrocken als Bekenntnis den Liedvers:

Ich hab' einen herrlichen König,
den einzig erkenne ich an;
ich will keinen andern auf Erden,
und stünd' ich allein auf dem Plan.
Jesus, mein Stolz, meine sichre Ruh,
Jesu, dir jauchze ich selig zu.
Ich hab einen herrlichen König,
o Jesus, Jesus, nur du!

Der Hauptmann war bewegt und sagte: »Wenn das wirklich Ihre Überzeugung ist, dann sind Sie ein glücklicher Mann. Niemand darf Ihnen in Zukunft etwas in den Weg legen.« Jesus bekannte sich zu ihm, er hatte ihm nicht umsonst vertraut.

Der zweite Fall: Der junge Mann hatte gleich nach einer strengen Lehre sein Leben dem Herrn übergeben. Er stand auf einsamem Posten und lebte sich dadurch in seine Bibel ein. Er erkannte bald die Kraft, die im Worte Gottes liegt und uns zu Überwindern macht. Es dauerte nicht lange, da kam er zum Militär. Vor seinem Weggehen besuchte er mich noch einmal. Wir stärkten uns im Gebet. Ich gab ihm die Ermahnung mit: »Hab gleich am ersten Tag den Mut, zu bekennen, wes Geistes Kind du bist!« Dies tat er, aber nicht mit Worten, denn er ist von Natur ein stiller Mann. Als er hörte, daß sie bald vereidigt werden sollten, wurde er unruhig. Er war gewohnt, nach seiner Bibel zu leben, und Jesus sagt doch: »Du sollst nicht schwören.« Daß der Weg zum Hauptmann über den Feldwebel gehe, wußte er noch nicht, so meldete er sich beim Hauptmann direkt. Dadurch schon gab es in der Kompanie eine kleine Aufregung. Der Hauptmann empfing ihn freundlich und hörte ihn ruhig an. »Ich bin ein Christ«, sagte er, »und in Unruhe wegen dem Schwören; denn es steht geschrieben: Du sollst nicht schwören. Der Herr Jesus sagt es selbst.«

Erstaunt anwortete der Hauptmann: »So etwas ist mir noch nie vorgekommen.« Er besprach sich eingehender mit ihm. Der Schluß war, daß er ihn im Glauben an seine Treue mit einem Handschlag entließ und sagte: »Solche Leute wie Sie können wir brauchen.« Der Hauptmann ordnete an, daß er bei der Vereidigung zwar mit antreten müsse, den Schwur aber nicht zu leisten brauche. Von da an sahen aller Augen auf ihn, ob er keinen Fehltritt tue. Es dauerte nicht lange, bis die meisten von der Echtheit seines Glaubens überzeugt waren. Er lebte nach Jesu Wort: »Der größte unter euch sei euer aller Diener.« Immer ging er den untersten Weg, schob Wache für seine Kameraden und war stets zu jedem Dienst bereit. Bald wurde er zum Unteroffizier befördert. Im Dienst war er streng, aber gerecht und für jeden Autorität, außer Dienst blieb er ganz derselbe. Bei unseren Zusammenkünften in seinem Urlaub durften wir Gottes Gnadengegenwart spürbar empfinden. Er hatte auch einen gleichgesinnten Freund in seinem Alter; sie ermunterten sich immer gegenseitig.

Als er später in den Krieg ziehen mußte, schenkte uns der Herr das wunderbare Wort aus Jesaja 43, 1: »Fürchte dich nicht, denn ich habe dich erlöst; ich habe dich bei deinem Namen gerufen, du bist mein! Denn so du durchs Wasser gehst, will ich bei dir sein, daß dich die Ströme nicht sollen ersäufen; und so du ins Feuer gehst, sollst du nicht brennen, und die Flamme soll dich nicht versengen.« Er hat sein Leben nicht geschont. Sein Wahlspruch war: »Furchtlos und treu.« Im Feuer und in Wassersnot war er getrost. Im Kampf zerriß eine Granate einen Kameraden neben ihm; er selbst wurde schwer verletzt. Ohne sein Dazutun kam er durch des himmlischen Vaters sorgende Liebe in unsere Stadt ins Lazarett. Wir waren glücklich, ihn betreuen zu dürfen. Trotz der großen Schmerzen war er immer fröhlich und dankbar für jeden kleinen Liebesdienst. Im Lazarett noch wurde ihm das Eiserne Kreuz übergeben. Er ließ es mit den Worten: »Ich habe nur meine Pflicht getan« im Nachttisch verschwinden; nie sah man es wieder. Nach seiner Genesung wurde er als Ausbilder wieder eingezogen. Gott war mit ihm auf all seinen Wegen und brachte ihn unversehrt in die Heimat zurück. Mitten in der schweren Zeit, als nichts um Geld zu bekommen war, konnte er ein eigenes Geschäft gründen. Gott gab ihm offene Türen und willige Herzen, daß er seine Maschinen und das nötige Werkzeug ohne Kompensation gegen Bezahlung oder leihweise beschaffen konnte. Er ist auch einer von denen, an welchen Gott seine Verheißungen wahrmachen kann. Er hat bis heute nicht umsonst vertraut und lebt seines Glaubens fröhlich. »Laß meinen Gang gewiß sein in deinem Wort!«

In den ersten Jahren des Dritten Reiches war ich mit einer gläubigen Schwester und einer lieben Bekannten in Erholung. Das Heim, in dem wir wohnten, war in einem kleinen Schwarzwaldstädtchen, rundum von Bergen umgeben. Eine wunderbare Ruhe herrschte dort. In unserer Weltabgeschiedenheit fühlten wir uns geborgen und waren sehr glücklich. Da kam wieder einmal der 1. Mai. — O, wann kommt die Zeit, da der Herr mit seinem Geist alle Flecken und Winkel der Erde so vollkommen erreichen und durchdringen kann und darf wie jener Geist?!

Weil ein Radioapparat nicht im Hause war, wurde von der Partei einer zur Verfügung gestellt und angebracht. Als die Führerrede angesagt wurde, verließen wir drei den Saal; haßerfüllte Blicke folgten uns. Wir gingen in den nahen Wald und wollten lieber hören, was Gott der Herr redet. In dem kleinen Städtchen war ein Tumult wie in einer Großstadt. In allen Straßen begegnete man den Fahnen, und ich muß gestehen, wir waren feige und bogen immer in Seitengäßchen ein. Man braucht sich freilich auch nicht unnötig in Gefahr begeben. Geschadet haben wir dadurch niemand, denn wir waren fremd. Die Leitung des Heims war etwas verlegen und meinte, man könnte schwer herausfinden, wo die Grenze sei, an der man sich scheiden müsse.

Wir weichen und wanken vom Kreuze nun nicht,
weil unsre Gedanken zum Lamme gericht't.
Wir gehen und stehen, im Leben ein Traum;
die Welt mag uns schmähen, wir hören es kaum.

Der Apostel Petrus schreibt einmal an die *Fremdlinge* hin und her. Fremdlinge und Geächtete gab es immer in der Welt, so auch im Dritten Reich. Auch sie waren hin und her zerstreut. Diese Fremdlinge suchte ich zu betreuen und immer wieder aufzumuntern.

Als ich in einer fremden Stadt auch wieder den kleinen Kreis besuchte, war gerade Wahltag. Solche Tage waren für uns ja immer Trauertage, da wir uns umsomehr in die obere Heimat ans Vaterherz Gottes flüchteten. Nachmittags gingen wir spazieren wie immer. Auf einer Anhöhe bewunderten wir die herrlichen Naturschönheiten, die sich unseren Blicken darboten. Auf einmal sahen wir in der Ferne ein Auto daherrasen. Sofort ahnten wir nichts Gutes, und so kam es auch. Zwei Herren, die dem Wagen entstiegen, traten mit einer Dame auf unsere Bank zu. Zuerst machten sie uns die größten Vorwürfe; als das nichts nützte, versuchten sie es mit Güte. Eine Schwester, deren Mann bei der Bahn angestellt war, sagte ganz einfältig: »Wir haben Jesus zu unserem Führer erwählt; unser Reich ist nicht von dieser Welt.« Ihr Mann wurde daraufhin zurückversetzt, blieb aber bis zu seiner Pensionierung im Dienst. Mit Gewalt suchten sie uns zum Wählen zu bewegen; aber wir blieben fest. Das wurde natürlich zum Stadtgespräch, und man deutete mit Fingern auf uns. Unsere einzige Waffe war die Liebe; die uns am meisten haßten, suchten wir besonders zu lieben.

Es war ja vorauszusehen, wie alles kommen mußte, wenn ein Volk seinen Gott absetzen läßt. Ich warnte immer und sagte: »Wer A sagt, muß auch B sagen; aber das wird vielen noch recht schwerfallen.« Dies ist auch nicht ausgeblieben. Erinnern wir uns nur an die großen Fragebogen, die nachher ausgefüllt werden mußten!

Die Kinder unserer Familien waren nicht in der Hitlerjugend. Eine Familie hatte drei Söhne. Obwohl ihnen Lehrstellen verschlossen blieben, hat der Herr, dem wir vertrauten, dennoch wunderbar für sie gesorgt. Als überall Zurückgesetzte erfüllten sie später an der Front ihre Pflicht trotzdem aufs äußerste. Zwei von ihnen kämpften in den Lüften, der dritte unter Wasser. Obwohl man sie immer an die gefährlichsten Kampfabschnitte versetzte, kamen doch alle wieder nach Hause zurück. Einer davon hat leider Granatsplitter in der Niere und sonstige Gebrechen davongetragen; aber er kann doch fast jeden Tag an die Arbeit gehen, allerdings nicht in eigener Kraft. Er darf es auch erfahren: Jesu Kraft ist in den Schwachen mächtig.

Eine dieser Familien kam nach dem Umsturz zu Ehren; sie benützte diese Stellung jedoch nicht dazu, sich nun an ihren jahrelangen Peinigern zu rächen, obwohl die Mutter ihres Nichtwählens wegen mit dem Tode bedroht worden war. Die Liebe deckt der Sünden Menge und rechnet das Böse nicht zu. Der Herr Jesus schalt auch nicht, da er gescholten ward, er drohte nicht, da er litt; er stellte es aber dem anheim, der da recht richtet.

Was das für Folgen hat, wenn Christus in einem Volk vom Thron gestürzt wird, war mit Bangen vorauszusehen.

Ein solches Volk steht nicht mehr unter der bewahrenden Gnade, sondern wird dem vielgerühmten und doch so gefürchteten Schicksal preisgegeben.

Der Herr hielt uns durch seine Gnade wach, und wir durften erleben, was er den Seinen verheißt: »Fürchte dich nicht, du kleine Herde! Es ist Eures Vaters Wohlgefallen, euch das Reich zu geben.« Es fiel uns nicht schwer, nach 2. Petri 7, 10 unserer Berufung treu zu bleiben.

Der der Einsamen das Haus voll Kinder gibt

Die Kinder der Widerspenstigen hatten es nicht leicht. Sie mußten von ihren Lehrern und Mitschülern viel leiden. Damit sie nicht immer unter Druck waren und so freudlos ihre Jugend verbringen mußten, lud ich sie in den Ferien zu uns ein. Schon das weite Reisen machte ihnen Spaß. Wir waren eine fröhliche Familie. Unser himmlischer Vater versorgte uns wunderbar, so daß wir nie Mangel hatten.

Kinder leben ohne Sorgen
einzig von des Heilands Gnad',
der am Abend wie am Morgen
seinen Tisch gedecket hat.

Nach dem Frühstück hatten wir eine kurze Andacht aus der Frommen Lotterie von Tersteegen. Das dazugehörige Verschen wurde jedesmal auswendig gelernt. Ich setzte ihnen alles ins praktische Leben um. Dabei langweilen sich Kinder nie.

Sie wollen nicht mit vielen Worten belehrt sein. Zum Schluß betete jedes Kind ungezwungen nach seiner kindlichen Art. Oft sangen wir unser Lieblingslied:

> Wir sind des Heilands Himmelsblumen,
> die er von ganzem Herzen liebt
> und denen er, was sie bedürfen,
> für alle Tage freundlich gibt.
> Er schützt vor Kälte uns und Regen,
> und wenn der Böse uns erschreckt,
> dann ist er da, um uns zu helfen,
> und seine Heilandshand uns deckt.

Sie durften sich freuen und austoben. Alles ging ganz natürlich zu, aber in gewissen Schranken. Die Morgenandacht spielte immer eine bestimmende Rolle dabei; oft war es nur ein Wort. Einmal behandelten wir die Geschichte von Abraham und Isaak. Das Gehörte galt es, den Tag hindurch praktisch zu verwirklichen. Wenn sie sich manchmal nicht mehr ganz verstehen konnten, was bei so vielen Kindern immer sehr leicht möglich ist — auf einmal erscholl dazwischen hinein »I — sag, I — sag, I — sag!« dann dauerte es nie lange, bis die Hauptrechthaber verstummten und Liebe und Eintracht wieder hergestellt war; denn keiner wollte der »Isaak« sein. Die Wochen vergingen im Flug. Fröhlich zog die muntre Schar wieder heimwärts. Diese Kinder mußten ja schon kleine Kämpfer sein. Die Erinnerung an die schönen Ferienwochen und an das, was ihnen dabei ins Herz gelegt worden war, haben sie bis heute noch nicht vergessen.

Im Herbst oder Winter durften dann die Mütter kommen. Sie hatten auch keine leichte Stellung unter diesen Wirrnissen und brauchten viel Weisheit für die vielen Schwierigkeiten, die fast täglich an sie herantraten. Weil ihre Kinder nirgends mitmachten, wurden sie oft sehr in die Enge getrieben.

Das Wort Gottes ist wunderbar. Ich kann mir nicht erklären, warum das Christenvolk in Not- und Trübsalszeit sich nicht ganz einfach im Wort zu bergen sucht. Wie glücklich waren wir immer, Trost und Erquickung darin zu finden! Dann ist nichts mehr schwer oder unüberwindbar. Immer wieder durften wir uns Gottes gnädiger Durchhilfe erfreuen und konnten dadurch aus Glauben in Glauben leben.

»Wenn ich mich fürchte, so hoffe ich auf dich. Ich will Gottes Wort rühmen; auf Gott will ich hoffen und mich nicht fürchten, was sollte mir Fleisch tun.« Wir mußten immer auf alles gefaßt sein; aber der Herr hielt seine Hand sichtbar über uns und unserer großen Familie, auch über den Schwachen und Ängstlichen, die wir Gottes gnädigem Schutze befahlen. Immer zur rechten Zeit, wenn kein Ausweg mehr zu sehen war, bewahrte sie der Herr.

Der Aufstieg

Nachdem unser Volk seinen ersehnten Führer hatte und »einerlei Sprache« führte, konnte das große Werk beginnen. Ob es wohl je einen besseren Organisator gegeben hat als diesen Mann? Die Arbeitslosen kamen von der Straße weg, der Staat machte Gelder zum Bauen flüssig. Auch Bauzuschüsse für Private wurden genehmigt, Ehestandsdarlehen gegeben und praktischer Arbeitsdienst zur Ertüchtigung der

Jugend eingeführt. Die Männer bekamen wieder Arbeit, daß sie ihre Familien ernähren konnten. Die Söhne durften wieder Soldat werden. Alles klappte wunderbar. Wehe aber den Außenseitern, die noch wagen mochten, den Mund aufzutun!

Wir freuten uns, daß wir wenigstens noch geduldet waren, und lebten still unseres Glaubens. Als Geduldete hatten wir keine großen Ansprüche mehr zu erheben.

Ein junges Mädchen besuchte auf ihrer Ferienreise eine Ausstellung in Berlin. Das Gemälde des Führers mit der Unterschrift »Am Anfang war das Wort!« brachte sie zum Nachdenken. Evangelium Johannes 1, 1 steht's geschrieben, uns ein teures Bibelwort. Ja, im Anfang, doch welch ein Unterschied! Hier schöpferisches, lebenspendendes, sich selbst hingebendes Wort, so daß Johannes ausrufen mußte: »Wir sahen seine Herrlichkeit . . . voller Gnade und Wahrheit«, und dort —? Wer wohl Vergleiche anstellte? Natürlich nur solche, denen diese Unterschrift Schrecken einflößte. Wir fragten uns: «Was will da noch werden?« —

Das Wort des Führers war anderer Art; es war Befehl, Befehl und wieder Befehl. Die Umschulung von klein und groß, von alt und jung war von Erfolg. Sie machte unser Volk mutig und fähig, den Kampf mit der Völkerwelt aufzunehmen. Wir waren reif zum Gericht. Die Unternehmungslust und der Mut des Führers stiegen ins Grenzenlose. »Seine Hand greift nach den Sternen«, stand einmal in der Tageszeitung.

In jener Zeit mußte ich oft an einen Ausspruch meiner lieben Mutter denken: »Wen Gott züchtigen will, dem nimmt er den Verstand, daß er Dinge unternimmt, über die er sich später selber verwundert.« Und die Schrift sagt: »Wer zugrunde gehen soll, der wird zuvor stolz.«

»Da aber die Leute schliefen, kam der Feind und säte Unkraut zwischen den Weizen und ging davon«, Matth. 13, 25. So ging es auch damals. Daher kam es, daß in den christlichen Kreisen weithin dieselbe Begeisterung herrschte. In der letzten Frauenversammlung, die ich mit todwundem Herzen hielt, ließ ich das Lied singen »Wie soll ich dich empfangen ... O aller Welt Verlangen ... ?« Tiefernst fragte ich: »Was ist heute aller Welt Verlangen? Was ist euer Verlangen?« An jenem Abend war in einer benachbarten Stadt eine Großkundgebung des Führers, wobei er stürmischen Beifall erntete und besonders die Jugend mit sich riß. »Er macht, daß Feuer vom Himmel fällt« — Feuer der Begeisterung. Das Feuer, das später vom Himmel fiel, machte viele Menschen wieder nüchtern und sehend; aber da war es zu spät.

Ich hielt, solange man mich duldete, auf meinem Posten aus und dachte nie daran, etwas von meiner Arbeit abzugeben. Ich hatte sie ja nicht gesucht; der Herr selbst hatte mir die Seelen zugeführt.

Einmal besuchte mich eine Schwester mit einem Chinamissionar. Dieser interessierte sich sehr für unsere Arbeit und freute sich darüber. Im Laufe des Gesprächs meinte die Schwester: »Ja, die Frau Gall hat alle Kreise.« Ich stutzte. Bis dahin war es mir ganz selbstverständlich, des Amtes zu warten, das mir der Herr anvertraut hatte. Ob der Missionar meine Überraschung wahrgenommen hat oder vielleicht schon unterrichtet war, ich weiß es nicht; beim Abschied drückte er mir herzlich die Hand mit den Worten: »Wie Jesus hatte geliebt die Seinen, so liebte er sie bis ans Ende.« Liebe bis ans Ende! Ich fing an, mich darin zu üben und wurde gewahr, daß ich das aus mir selbst nicht konnte. Nur wenn Jesu Liebe mein Herz erfüllen darf, vermag ich zu lieben bis ans Ende.

Daß ich schon in meiner Jugend gelernt hatte, alles, auch was mir weh tat, aus meines Vaters Händen zu nehmen, kam mir auch jetzt zugut. Ich ließ mich gern überall absetzen und machte tüchtigeren und treueren Seelen Platz. Warum sollte ich mich nicht von meinem Meister in die Ecke stellen lassen, wenn es ihm so beliebte? Wer in steter Verbindung mit Jesus lebt, braucht nicht lange, um zu erkennen, daß er Liebesabsichten mit uns hat. Die Getreuen waren ja Werkzeuge in Gottes Händen und meinten es nur gut mit mir. Heute noch danke ich ihnen herzlich dafür. Hinab geht Christi Weg! Vermutlich wäre ich mit meiner ablehnenden Stellung dem Dritten Reich gegenüber in ein Fahrwasser geraten, daß Gott über meine Arbeit in der Öffentlichkeit vielleicht hätte schreiben lassen müssen: »Sie eifern um mich mit Unverstand.«

Wir waren ein dahingegebenes Volk, uns galt das Wort Jeremia 15, 1: »Und wenn gleich Mose und Samuel vor mir stünden, so hätte ich doch kein Herz zu diesem Volk; treib sie weg von mir und laß sie hinfahren!«

Der Herr führte mich ins Verborgene und sorgte mir für Heimarbeit; ein weites Arbeitsfeld breitete sich vor mir aus. Hier stand ich niemand mehr im Wege, da war auch kein Gedränge. Eine freistehende Eiche, um die von allen Seiten Stürme brausen, treibt ihre Wurzeln unwillkürlich tiefer in die Erde.

Wenn ich heute zurückblicke, muß ich bekennen, daß ich viel versäumt habe und oft lau und träge gewesen bin. Je mehr ich Jesum liebe, desto heller leuchtet das Licht vom Kreuz her auf mein Tun und Wirken, so daß ich sagen muß:

Was ich gelebt, das decke zu,
was ich noch leben werd', regiere du!

Auf meinem einsamen Posten bekam ich einen Weitblick und lernte die Dinge in der richtigen Perspektive schauen. »Der Herr hat seine Wege Mose wissen lassen, die Kinder Israel sein Tun.« O wie oft stand sein Tun plötzlich erschreckend vor ihren Augen!

Wenn wir so sicher dahinleben, können wir manchmal von einem Unglück oder einer schweren Führung überrascht werden. Wohl uns, wenn wir dann sagen können: »Es ist der Herr; er tue, was ihm wohlgefällt!« Ist dem nicht so, dann leben wir zu weit weg vom Vaterherzen Gottes, auch wenn wir noch so fromm und heilig scheinen. An dem Tag, den der Herr macht, wird immer offenbar, was im Menschen ist. Anfechtung lehrt aufs Wort merken, solange das Wort unsere tägliche Speise ist; suchen wir das Wasser aber an löchrigen Brunnen, dann werden wir, wenn wir es am nötigsten brauchten, keines finden. Deshalb gibt es so viel Trauerweiden unter den Christen, die mit ihrem ewigen Gejammer den suchenden Seelen das Christentum zum Ekel machen.

Es ist noch nicht allzulange her, daß ein schwergeprüfter Mann, über den von allen Seiten das Unwetter hereinbrach, zu mir sagte: »Wenn man Sie hört, könnte man wahrhaftig Lust bekommen, diesen Weg zu gehen.« Ja, der Weg dem Lamme nach ist ein seliger Weg, nur bringt er unsere alte, verderbte Natur ans Kreuz.

Schon vor vielen Jahren schloß mir der Herr ein wichtiges Geheimnis auf: Die Leichname von Gekreuzigten durften über Nacht nicht am Holze hängen bleiben, damit das Land nicht verunreinigt wurde. Jesus starb am Kreuz, die

Übeltäter nicht; darum mußten ihnen die Beine gebrochen werden. Was für ein Stöhnen und Wehklagen hört man in christlichen Kreisen jahraus jahrein von all den wehleidigen Seelen, die am Kreuz nicht sterben wollen und sich zu schade sind, ihren alten Menschen begraben zu lassen. Sie laufen lieber als geistliche Krüppel durchs Leben oder bleiben als Jammergestalten ungestorben am Kreuze hängen. Mit Christus Auferstandene sind fröhliche, glückliche Menschen; in ihrer Nähe wird's andern wohl ums Herz. Da braucht man nicht viele Worte zu machen. In Not und Anfechtung wird der Unterschied am deutlichsten offenbar.

Zum besseren Verständnis dieser seltsamen Sprache, die wohl vielen unverständlich oder unangenehm, vielleicht sogar verächtlich ist, möchte ich aus dem Leben meiner lieben Freundin einiges berichten. Sie ist eine treue Nachfolgerin Jesu. Ihr Gatte war ein Feind des Christentums; doch sie hatte nur den einen Wunsch und die eine Bitte: »Herr, rette die Seele meines Mannes um jeden Preis!« Er tat ihr viel zuleid; aber sie überwand ihn immer mit Liebe und trug ihm nie etwas nach. Ihr Junge bekam durch Hirnhautentzündung ein Augenleiden, das nach dem Ausspruch der Ärzte zur Blindheit führen mußte. Als sie nach einer durchweinten Nacht müde gekämpft und erschöpft endlich stille wurde, erfüllte sie plötzlich die freudige Gewißheit: dein Kind ist geheilt. Am folgenden Tag war sie wieder zum Arzt bestellt. Voll froher Zuversicht trat sie die Reise an. Bei der Untersuchung ergab sich, daß die Augen geheilt waren. Sie sagte: »Das hat Gott getan.« Der Junge konnte ohne Brille sehen und hat bis heute gute Augen. Das ist schon über dreißig Jahre her.

Nun hoffte die Mutter, der Vater werde sich durch diese Güte Gottes zur Buße leiten lassen; aber sein Herz blieb hart wie Stein. Er hatte Freunde, die, wenn sich etwas Gutes in ihm regte, es wieder erstickten und ihn zum Widerspruch reizten.

Die Mutter hielt an mit Beten und Lieben, und Gott redete weiter. Das kleine, gesunde Töchterchen erkrankte; aus Mund und Nase floß von Zeit zu Zeit das Blut in Strömen. Das ging jahrelang so fort. Das Kind wurde schließlich so schwach und elend, daß es nicht zur Schule gehen konnte. Die Mutter sagte: »Des Vaters wegen muß das Kind so leiden.« Dieser sah zwar den Jammer und das Elend, ließ sich aber nicht erweichen.

Nach Jahren kam sein Tag. Schon morgens brachte man ihn mit zerquetschtem Unterleib nach Hause. Es war ein schwerer Unglücksfall. Die Mutter sagte: »Es ist der Herr!« – Daß der Preis für seine Seele so hoch sein könnte, hatte sie nicht gedacht; aber sie sagte: »Ja, Vater.« Es kam kein Weinen und Klagen aus ihrem Mund. Im Krankenhaus wich sie nicht von seinem Bett. Zum Erstaunen der Ärzte lebte er noch eineinhalb Tage und blieb bis zu seinem Tode bei klarem Bewußtsein. Die Reue über sein verlorenes Leben und das Leid, das er seinem treuen Weib angetan hatte, erfüllte ihn so sehr, daß er darüber seine Schmerzen vergaß. Um verzeihen zu können, brauchte sie sich nicht erst zu überwinden; sie war ja eine Mitgekreuzigte und Auferstandene und freute sich, daß ihr jahrelanges Flehen um die Seele ihres Mannes nun so augenscheinliche Erhörung gefunden hatte.

Die Gewißheit der Vergebung seiner großen und schweren Sünden durch des Lammes Blut erfüllte sein Herz mit überirdischer Freude. Glückliche Stunden durften die beiden noch miteinander erleben; der Herr schloß das Band der Liebe auf ewig um sie. Der Abschied fiel ihnen nicht schwer. Jesus hatte gesiegt. Als ein Brand aus dem Feuer, noch in letzter Stunde gerettet, ging der Mann im Frieden heim.

Nach dem Tode des Vaters erbarmte sich Gott auch über das Kind. Die Blutungen hörten auf, und die Krankheit ließ keinerlei Spuren zurück. Bald konnte sie zur Schule gehen; sie war aber schon dreizehn Jahre alt. Es war zum Staunen, wie schnell sie sich entwickelte und heranwuchs. Später wurde sie glückliche Gattin und Mutter. Leider kam wenig später der schreckliche Krieg, dem auch ihr Mann zum Opfer fiel. Der Schmerz war groß; aber sie hatte ja ihre Mutter, die sie auf Jesus blicken lehrte, der allein trösten kann.

Wenn ich mit dieser Schwester zusammenkomme, gibt es nur ein Loben, Danken und Anbeten für all die unverdiente Liebe und Barmherzigkeit bei allem Schweren, das uns ja nicht erspart bleibt, uns aber zur Umgestaltung in Jesu Bild und Wesen dienen darf.

Wenn unser Haus kein Friedenshort ist, können wir auch keine Zeugen Jesu sein und noch weniger Seelen zu ihm führen. Wer Seelen retten will, dem darf für seine eigene Person nichts mehr weh tun; er hat sich in Jesu Dienst gestellt und muß sich immer wieder an seines Meisters Wort erinnern: »Der Knecht ist nicht größer als sein Herr.«

Finsternis bedecket das Erdreich und Dunkel die Völker

In dieser Finsternis brütete der Haß, der sich all derer bemächtigte, die Gott in ihrem Leben abgesetzt hatten. Kein Mensch ist ohne Obrigkeit; aber er hat die Wahl: Entweder läßt er Gott, den Allmächtigen, in seinem Leben herrschen und beugt sich unter seinen Willen – das ist ein leichtes Joch, weil es Jesus tragen hilft; das hat er verheißen –, oder er löst sich von der Hand dessen, der ihn geschaffen hat, und ist der Macht der Finsternis ausgeliefert, die »fortzeugend Böses muß gebären«.

Als die Gibeoniter aus Furcht mit dem Volk Israel einen Bund machen wollten, gebrauchten sie eine List und sagten, daß sie von weither kämen; doch bald nachdem die Israeliten den Bund mit ihnen geschlossen hatten, merkten sie, daß die Gibeoniter nicht weit her waren. Bei dieser Geschichte steht ein Satz mit nur sieben Worten: »Sie fragten den Mund des Herrn nicht!« Wenn ich in meinem Leben Entscheidungen zu treffen hatte, erinnerte mich der Geist Gottes immer an diese sieben Worte, natürlich auch heute noch.

Wer die Bibel studiert und um göttliche Erleuchtung bittet, daß er darin Gottes Willen sowohl für sich als auch für sein Volk erkenne, der müßte fast zu der Überzeugung kommen, daß sich bis zum Ausbruch des Krieges der Abschnitt Offenbarung 13, 11–18 schon weithin erfüllt hat. Zudem gehen wir mit Riesenschritten der Zeit entgegen, wo sich diese Ereignisse noch deutlicher wiederholen werden. Darum wäre es gut, wenn wir aus dem, was hinter uns liegt, gelernt hätten und im Auge behielten, worauf uns Jesus aufmerksam macht. »Hütet euch aber, daß eure Herzen nicht beschwert werden mit Fressen und Saufen und Sorgen der Nahrung und komme dieser Tag schnell über euch! Denn wie ein Fallstrick wird er kommen über alle, die auf Erden wohnen. So seid nun wach allezeit und betet, daß ihr würdig werden möget zu entfliehen diesem allem, das geschehen soll, und zu stehen vor des Menschen Sohn!«

Den Plänen des Führers standen keine Hindernisse mehr im Wege. Sein Volk hatte unbegrenztes Vertrauen zu ihm und war zu jedem Opfer bereit. Die jungen Leute wurden im Lauf der Jahre immer wieder zu Militärübungen eingezogen. Mein Pflegesohn fing im Sommer vor dem Kriege an, sein Haus auszubauen. Als alles in bestem Gange war, wurde auch er zu einer dreimonatigen Übung eingezogen. Er sagte sogleich: »Ich glaube, ich komme nicht wieder.« Ich wollte es ihm nicht abnehmen, aber er bekam leider recht.

Ganz plötzlich, aber nicht unerwartet, brach der Krieg aus. Wie sich ein Geschehnis an das andere reihte, findet sich in Jesaja 10, 5–16. Alle Gottesgerichte sind nur Wiederholungen, ihrer Wesensart nach einander völlig gleich, aber den jeweiligen Verhältnissen angepaßt. Davon können wir uns an dem vorgenannten Schriftwort überzeugen.

Die Ahnung meines Pflegesohnes wurde Wirklichkeit: nach der Übung mußte er sofort in den Krieg ziehen. Die Bauerei ging am Anfang des Krieges zunächst weiter, doch war ich mit den vielen Handwerkern jetzt ganz allein. Diese zeigten nicht mehr viel Interesse. Die Sondermeldungen erfüllten alle Gemüter, auch wurden die Männer nach und nach alle eingezogen. Zum guten Glück war die Hauptarbeit gemacht; aber es dauerte noch lange, bis endlich alles fertig war. Die viele und schwere Arbeit, welche die Bauerei mit sich gebracht hatte, war nicht spurlos an mir vorübergegangen. Ich war so erschöpft, daß ich zur Erfüllung meiner täglichen Pflichten alle meine Kräfte zusammennehmen mußte. Bald kam auch der Befehl, daß verdunkelt werden mußte; das war für mich die schwerste und aufregendste Arbeit. Als die Sirene mit ihrem erschütternden Geheul zum erstenmal ertönte, ergriff mich ganz tiefes Entsetzen. Das waren dieselben Töne, die jene Großmutter ausstieß, welche ich als Schulkind hatte betreuen müssen, wenn sie von einem epileptischen Anfall zu Boden geworfen wurde.

Daß die Menschen auf den Straßen draußen in dieser Finsternis noch lachen konnten, begriff ich nicht. Gottes Wege sind wunderbar! Der Herr sah meine Trostlosigkeit und erbarmte sich über mich; aber — seine Gedanken sind höher denn unsere Gedanken und seine Wege tiefer als unsere Wege. Dies geschah auf folgende Weise:

Als ich eines Abends einen Eimer Asche hinaustrug, lag ich plötzlich am Boden. Nach einer Weile konnte ich wieder aufstehen und stieg, meine letzte Kraft zusammennehmend, die Treppe wieder hinauf. Es reichte mir gerade noch ins Bett. Dort wurde mir sofort klar, daß ich in diesem großen Hause hilflos und dazu ganz allein mir selbst überlassen war.

Ich rief in meiner Not: »Vater, Du siehst mein Elend. Kein Mensch weiß von meiner Not; sorge Du für mich!«

Kaum war der Tag angebrochen, da erschien eine treue Freundin. Sie war nicht überrascht, als sie mich im Bett antraf, und sagte nur: »Nun weiß ich, warum ich alles zu Hause liegen lassen und zu dir eilen mußte. Wir dankten für Gottes wunderbares Leiten. Die Treue versorgte mich; sie telephonierte meiner Tochter, und spät am Abend stand diese schon an meinem Bett. Als ausgebildete Krankenschwester rief sie sofort den Arzt, obgleich sie wohl wußte, daß ich keine Hilfe von ihm erwarte. Übrigens kannte auch er unseren Standpunkt, weil wir befreundet waren. Er stellte Angina pectoris fest und erklärte ein Wiederaufkommen für sehr zweifelhaft. Ich war sehr schwach und mußte mehrere Monate das Bett hüten, bis ich wieder zu Kräften kam.

Mein Zustand war so, daß ich nicht mehr gut allein bleiben konnte. Was sollte ich da tun? — Durch die Berufe, die meine Tochter ausübte, wäre ein Zusammenleben nie möglich gewesen. Sie war zudem nicht mehr so jung, und eine Umstellung auf einen neuen Beruf wäre nicht gerade einfach für sie gewesen.

Wie immer, so nahmen wir auch in dieser Not unsere Zuflucht zum Herrn. Elf Jahre leben wir seitdem wunschlos glücklich und froh beisammen und freuen uns täglich über des Vaters Güte und Barmherzigkeit. So wurde mein Unglück das größte Glück für mich. Wenn wir mit den schweren Wegen, die Gott uns führt, einverstanden sind und warten können, dürfen wir es immer erleben, daß der Herr Liebesabsichten mit uns hat, die er wunderbar hinausführt.

Der Krieg war in vollem Gange. Wer Zeitungsberichte und Sondermeldungen mit dem schon angeführten Bibelwort verglich (Jesaja 10, 5—16), wurde von Tag zu Tag hellsichtiger. Wohl war die Freude im Volk jedesmal groß, wenn ein Sieg nach dem andern gefeiert wurde; ich aber stand meist wie versteinert und konnte keine Worte finden. Mein Leben bewegte sich in dem Wort der Schrift: »Die Geängsteten, so auf kein Fest kommen, will ich zusammenbringen; denn sie gehören dir zu und müssen Schmach tragen.«

Wenn ein Volk Rute und Stecken in der Hand des zornigen Gottes ist, dann steht es schon selber im Gericht; Gott spricht damit sein Wehe über ihm aus. Die Geschehnisse mit den genannten Versen Jesaja in Einklang zu bringen, wird wohl niemand schwerfallen. Was der Krieg über unser Volk an Herzeleid und Not brachte, brauche ich nicht weiter zu schildern; es wird wohl kaum jemand davon verschont geblieben sein. Auch mein geliebter Pflegesohn mußte gleich zu Anfang im fernen Osten sein junges Leben lassen. Kurz vorher schrieb er noch: »Alles ist nichtig. Wir stehen an einem Brückenkopf. Heute ist der schwerste Tag meines Lebens — vielleicht wird es morgen lichter.« Ja, es wurde lichter. Als der Morgen graute, bettete er drei gefallene Kameraden zur letzten Ruhe. Dabei traf ihn eine Kugel durch den Stahlhelm. Er war sofort tot. Statt drei kamen nun acht Soldaten in jenes Grab.

Seine Schwester konnte den Verlust ihres Bruders fast nicht überwinden und wollte sich nicht trösten lassen; aber in den schrecklichen Jahren, die unsere armen Soldaten später erleben mußten, lernte sie noch danken, daß ihr lieber Bruder von all dem verschont geblieben war. Wieviele seiner Kameraden, die bis zuletzt auf den Schlachtfeldern hatten aushalten müssen, durften die Heimat auch nicht wiedersehen!

Ach, daß ich hören möchte,

was Gott der Herr redet!

Das Sprichwort sagt: Wer nicht hören will, muß fühlen. Darum läßt sein Zorn nicht ab, seine Hand ist noch ausgereckt! Reichlich mußten wir den ausgereckten Arm von Gottes heiligem Zorn über uns fühlen. Wer hatte beim Aufstieg nach Gott gefragt oder nur an ihn gedacht? Nur wenige waren es. Danach aber wurde der abgesetzte Gott verantwortlich gemacht für all die Not und Ungerechtigkeit, die uns widerfuhr. Wie oft mußte man den abgedroschenen Spruch hören: »Wenn es einen Gott im Himmel gäbe, ließe er das nicht zu.«

»Aber, der im Himmel wohnt, lacht ihrer, und der Herr spottet ihrer.« Er redete weiter mit uns in seinem Zorn und schreckte uns mit seinem Grimm. Auch in Malachia 3, 19 finden wir es bestätigt. »Denn siehe, es kommt ein Tag, der brennen soll wie ein Ofen; da werden alle Verächter und Gottlosen Stroh sein, und der künftige Tag wird sie anzünden und wird ihnen weder Wurzel noch Zweige lassen.«

Immer tiefer drangen unsere Truppen in Rußland ein, Sieg auf Sieg wurde gemeldet. Ein Bekannter schrieb: »Wir dringen ungehindert vor und entfernen uns immer mehr von der Heimat – wenn es kein Zurück mehr gäbe, das wäre nicht auszudenken.« Er sah die Heimat nie wieder. Ich kannte ja das große russische Reich und sagte: »O weh, o weh!« All die Vormärsche und Siege beirrten uns nicht. In schlaflosen Nächten, wenn ich alles im Geiste an mir vorüberziehen ließ, wurde mir immer klarer, daß der Feind unsere Truppen immer weiter hineinlockte, um sie desto sicherer schlagen zu können.

Die Meldungen über große Siege blieben langsam aus; aber unser Volk hatte trotzdem unbedingtes Vertrauen zu seinem Führer im Blick auf die großen Taten, die er vollbracht hatte. Ihr Spruch war: Er hat noch immer alles hinausgeführt, was er sich vorgenommen hatte. Sie vergaßen, daß Gott im Regiment sitzt und das letzte Wort spricht. Wenn Gott ein Volk demütigen will, macht er es zuvor groß, und je größer und mächtiger sich ein Volk dünkt, um so tiefer wird sein Fall. Genauso ist es auch im Einzelleben. Wir vergaßen, daß Gott den Menschen ein Ziel gesetzt und vorgesehen hat, wie lang und wie weit sie wohnen sollen. Kein Volk kommt über die Grenzen hinaus, die Gott ihm gesteckt hat.

Die Mächte der Finsternis entfesselten sich auf beiden Seiten und schütteten Vernichtung und Verderben auf die Erde. Von Tag zu Tag mehrten sich die Bombenangriffe. Eine wahnsinnige Zerstörungswut bemächtigte sich der von Gott losgelösten Menschen. Das waren die Tage des göttlichen Zornes über unser Volk und über die ganze daran beteiligte Welt. In jener Zeit sagte ein einfacher Mann: »Die Hölle ist ganz leer, die Dämonen sind alle auf die Erde geworfen; wehe, wehe uns!«

Kein Mensch hätte sich so etwas je vorstellen können; dennoch war es nur ein Bruchteil, der Buße tat. Über all das Elend und all die Not konnte man nur sagen: »Es ist kein Unglück in der Stadt, das der Herr nicht tut!«

Den Menschen war bange vor Furcht, und sie warteten der Dinge, die sich fast Tag und Nacht wiederholten. Viele schrieen in jenen Zeiten zu Gott in ihrer Not. Er ist ja gnädig und barmherzig und will nicht den Tod des Sünders, sondern daß er sich bekehre und lebe. Ich bin gewiß, daß in dieser Bedrängnis manche Seele den Weg zum Leben fand und wie ein Brand aus dem Feuer errettet wurde, auch wenn sie umkam. Zum Herzbrechen war es, wenn man hören mußte, wie manche Menschen tief unten in der Erde in ihren Bunkern noch Witze machen, fluchen und lästern konnten. Die Ewigkeit wird einst das offenbaren, was uns hier verborgen und unverständlich blieb. Da werden wir erkennen dürfen, daß kein gläubiges Gebet, das fürbittend zum Gnadenthron aufstieg, unerhört blieb. Gott hat tausend Weisen zu erretten, aber er will gebeten sein. Alle Menschen, Freunde und Feinde, die wir in treuer, fürbittender Liebe in Gottes Allerbarmen legen, sind in seiner Hand; darüber bin ich getrost.

Für Menschen, die ihr Leben göttlich geordnet wußten und im Gehorsam der Wahrheit wandelten, war diese Notzeit eine Segenszeit. Tiefe Ruhe erfüllte ihr Herz in aller Unruhe, denn das Wort erwies sich an ihnen: »Sie sollen, spricht der Herr Zebaoth, des Tages, den ich machen will, mein Eigentum sein; und ich will ihrer schonen, wie ein Mann seines Sohnes schont, der ihm dient. Und ihr sollt dagegen sehen, was für ein Unterschied sei zwischen dem Gerechten und dem Gottlosen, und zwischen dem, der Gott dient, und dem, der ihm nicht dient.«

Das war das größte Geschenk in jener schweren Zeit, da niemand mehr ein noch aus wußte. Wie ein Mensch eine ganze Gesellschaft in Unruhe versetzen kann, so durften wir überall die Ruhe, die Jesus in unser Herz gesenkt hatte, verbreiten, wo es Gelegenheit gab.

Psalm 91 war unser Bunker. Als unter dem Schirm des Höchsten Sitzende und unter dem Schatten des Allmächtigen

Bleibende konnten wir freudig sagen: »Meine Zuversicht und meine Burg, mein Gott, auf den ich hoffe.« Der Herr hatte seinen Engeln befohlen über uns, daß uns kein Leid geschehen durfte.

Oft wurde ich gefragt: »Warum kommen denn so viele gläubige Seelen, die doch Gottes Kinder sind, um?« Ich konnte nur mit der Schrift aus Jesaja 57, 1 und 2 antworten: »Aber der Gerechte kommt um, und niemand ist, der es zu Herzen nehme, und heilige Leute werden aufgerafft, und niemand achtet darauf; denn die Gerechten werden weggerafft *vor* dem Unglück, und die richtig vor sich gewandelt haben, kommen zum Frieden und ruhen in ihren Kammern.«

Daß sie den Tod anders erlitten als die andern, das glaube ich ganz gewiß. Der Herr Jesus sagt: »Ich in ihnen und sie in mir«, also in der größten Gefahr, auch in Todesnot »in ihm«! Kann da der Tod noch scheiden? — »Niemand kann sie aus meines Vaters Hand reißen.« Diese Gewißheit halte ich fest, dadurch wird mein Glaube nie erschüttert; auch muß ich nie fragen: »Warum?« denn lebend oder sterbend sind wir des Herrn! Freude und Wonne werden sie ergreifen, und Trauern und Seufzen wird entfliehen.

Prüfet mich darin!

Ich erwähnte schon, wie wunderbar der Herr in meinem Leben immer auf weite Sicht für mich sorgte. Wie froh und dankbar war ich und bin es heute noch, daß er mir für diese bewegte, schwere Zeit meine Tochter zur Seite stellte! Alles war ja im Krieg; mutterseelenallein wäre ich in unserem großen Hause gewesen. Der schnell erhoffte Sieg ließ auf sich warten; dagegen legte sich die Hand des Herrn täglich schwerer auf unser Volk. Das durch mörderische Hand vergossene Blut im eigenen Lande schrie nach Rache. Es war, als ob die Menschen in ihrer Vernichtungswut von der Hölle entzündet worden wären. Immer mehr wurde auch den Mutigen bange vor Furcht und Warten der Dinge, die kommen mußten. Mancher wird dem Herrn ein Gelübde getan haben, daß er ihn beim Leben erhalte. Ob diese Gelübde wohl eingelöst wurden? Ich wünsche von Herzen, daß doch jedem diese Schreckenszeit tief, tief in die Seele geprägt bleibe und er alles auch jetzt noch als so nichtig betrachte wie in jener Zeit; aber, o weh, wie sieht es heute aus!

Der Brotkorb wurde immer höher gehängt, Frau Sorge klopfte an die Türen. Der Mut fing an zu sinken; aber der Spruch im Volke wurde aufrecht erhalten: wir wollen gerne Opfer bringen, wenn wir nur siegen! Siegen? — Wir waren ja längst besiegt.

Die Menschen waren auf sich selbst angewiesen; jeder mußte sehen, wie er seine Familie durchbrachte. Wie schwer mag es manchem wohl gefallen sein, mit Geld in der Tasche als Bittender vor den Türen zu stehen und oft so schroff und unbarmherzig abgewiesen zu werden! Aber Gott schaut auf die Menschenkinder und ihr Tun und hat seine Denkzettel geschrieben. Als die zweite Gerichtswelle über unser Land hinwegging, holte Gott so manchen Denkzettel der guten und schlechten Taten hervor. Wer Augen hatte, konnte es sehen.

Wir sind ja viel zu gering aller Barmherzigkeit und Treue, die der Herr an uns getan hat und heute noch tut. Er machte auch in jener Zeit seine Verheißung an uns wahr: »Ehe ihr bittet ... « Ein herrliches Leben! Wer möchte es nicht auch so gut haben? Es kostet nicht viel. Man braucht nur den Willen Gottes zu tun und seine Gebote zu halten; daraus kommt das Leben, das uns niemand ohne seinen Willen nehmen kann.

Als ich einmal meine liebe alte Mutter, die mit ihren vierundneunzig Jahren noch den Ausgang des Krieges erwarten wollte, besuchte, fragte mein Bruder: »Werden bei euch die Bauern auch so arg von den Hamsterern überlaufen? Wir sollten immer mehr geben, als wir haben.«

Ich entgegnete:» Du weißt ja nicht, was Hunger bedeutet; die Stadtleute tun mir alle in der Seele leid. Daß wir niemand um etwas bitten brauchen, ist reine Gnade, weil unser Leben, und was wir sind und haben, dem Herrn gehört; er versorgt das Seine und bewahrt sein Eigentum.« Wir lebten in einer Oase mitten in der Wüste.

Ein Verwandter meinte oft: »Ich möchte es auch so gut haben wie ihr. Was kostet es mich Mühe und Geld, meine Familie durchzubringen!

Wir sagten: »Sorge, daß auch du einen Vater im Himmel hast! Der macht bei seinen Kindern keinen Unterschied; dann bist du geradeso reich wie wir.«

Manche Not durften wir lindern, viele Herzen erfreuen; wir bekamen auch viel Besuch. Eine Bekannte von uns ärgerte sich immer daran und sagte: »Wenn die Leute nur zu Hause blieben! Es hat doch niemand etwas übrig; ich könnte kein Stückchen Brot anbieten.«

Ich erwiderte: »Die Schrift sagt: ›Ihre Tore sollen Tag und Nacht offen stehen!‹ In unserem Hause sollen sie offen bleiben für jedermann; es kommen ja nur solche, die uns der Herr schickt.« Keins mußte hungrig von unserem Hause gehen, und alle Gäste durften sich satt essen.

Einige Male wurden wir enttäuscht, als wir halfen, ehe Gottes Stunde für die Bedrängten geschlagen hatte. Das nannten wir »unnötige Kriegsopfer«; aber wir sagten uns dann: »Gott selbst im Himmel füttert manchen Wicht; es reut mich nicht« und ließen uns dadurch bis heute nicht beirren. Was wir geben, gehört ja dem Herrn; wir sind nur Verwalter der irdischen Güter und dürfen erleben, was Gott verheißt: »Bringt aber den Zehnten *ganz* in mein Kornhaus, auf daß in meinem Hause Speise sei, und prüfet mich hierin, spricht der Herr Zebaoth, ob ich euch nicht des Himmels Fenster auftun werde und Segen herabschütten die Fülle!«

Wenn die Menschen wüßten, was auf dem Zehntengeben für ein Segen liegt, dann würde es niemand mehr versäumen. Wenn Jesus Liebe uns erfüllt, reicht in Zeiten der Not der Zehnte nicht aus. O wenn doch nur die, welche sich Christen nennen, dem Wort Gottes treu wären! Dann bräuchte man nicht so viele soziale Einrichtungen. Nun sagt vielleicht ein Leser: Das galt für das Volk Israel, wir stehen im neuen Bund. Daß wir uns doch nicht selbst täuschten und das Neue Testament auch einmal richtig läsen! In der Bergpredigt finden wir durch Jesu Mund die Umwertung aller Werte. »Prüfet mich darin!« Wer will es wagen, Gott auf diese Verheißung hin zu prüfen?

Als ich noch nicht lange Witwe war, wohnte ich einmal einem Missionsvortrag bei. Dabei wurde für eine große Not gesammelt. Ich kam mir so erbärmlich und unnütz vor gegenüber all dem, was ich hatte hören dürfen von Menschen, die auch ihr Leben für die Sache des Herrn einsetzen. Ein Goldstück war noch mein einziger Besitz, und ich hatte keine Ruhe, bis ich es geopfert hatte. Dann war ich glückselig, wie wenn ich etwas geschenkt bekommen hätte. Für mein Durchkommen mit meinem Kind hatte ich, was ich täglich mit meiner Hände Arbeit verdiente. Aber der Herr tat des Himmels Fenster auf und schüttete Segen die Fülle auf uns herab. Wer darf das erleben in unseren Zeiten?

Ich bitte, mich nicht falsch zu verstehen. Mit diesem Zeugnis möchte ich nur den lieben Lesern Mut machen, auch etwas auf Gottes Wort zu wagen. Mit dem Zehnten geben wir ja nur, was dem Herrn nach seinem Wort gehört, also nichts Besonderes, und doch folgt der Segen auf dem Fuß. Der Herr Jesus hat das Gesetz aufgehoben und erfüllt; wir müssen nicht, wir *dürfen* geben. Diese Geldanlage wurde mir weder durch die Inflation noch durch die Währungsumstellung entwertet.

Wer wirklich erlebt hat: Jesus starb für mich und meine Schuld; ich bin erlöst — dem fällt das Geben nicht schwer. Es tut mir in der Seele weh, wenn für die Not in der Christenheit immer wieder zu Sammlungen aufgefordert werden muß. Wir werden dadurch der Welt ein Ärgernis und müssen das auch oft genug hören.

Der Zehnte von den kleinen Leuten reicht freilich nicht weit zum Bau des Reiches Gottes. Wenn aber der Zehnte von den großen Einkommen dem Herrn zur Verfügung gestellt würde, dann könnte eine neue Zeit für das Volk Gottes anbrechen; der Geist der ersten Christenheit hätte dann wieder Raum unter uns.

Der Ausgang des Krieges war ein Ende mit Schrecken und ein Schrecken ohne Ende! Die Herrlichkeit des Dritten Reiches war mit einem Schlag dahin. Die schönen Götzenbilder, die in vielen Häusern hingen oder standen, wurden eiligst verbrannt; aber trotz aller bitteren Erfahrungen suchten nur wenige ihre Hilfe bei dem wahren und lebendigen Gott, der uns nie enttäuscht. »O Land, Land, Land, höre des Herrn Wort!«

Das schwerste Los traf unsere armen Soldaten, die bis zum schmählichen Ende durchhalten mußten und oft erst nach Jahren aus der Gefangenschaft zurückkamen und in der Heimat, anstatt im trauten Heim von wartenden Lieben empfangen zu werden, vor Ruinen standen. Leider wurde ihnen oft wenig Verständnis und helfende Liebe entgegengebracht. Das jahrelange, bange Warten, die viele Not und Entbehrung hatte die Menschenherzen hart und gefühllos gemacht. Jeder suchte und sorgte für das Seine und sah, wie er selber am besten durchkam. Treue und Glauben, aus dem die selbstlose Liebe entspringt, war nicht mehr viel zu finden. Wohl allen denen, die in diesen trostlosen, schweren Zeiten Liebe säten; sie durften auch reichlich Liebe ernten. »Wohl dem, der sich des Dürftigen annimmt; der Herr wird ihn erretten zur bösen Zeit.«

Alle Menschen, die sich gegen ihren Führer, nachdem ihm sein großer Plan mißlungen war, mit bittrem Haß erfüllten, mögen doch, bitte, sinnend und betend Jesaja 10, 5–16 lesen. Der Herr Jesus sagt: »Suchet in der Schrift, denn sie ist euer Leben!« Sie paßt für jede Zeit, gibt in jeder Lage Aufschluß, läßt uns nie im unklaren und ist ewig neu. Wenn alles vergeht: das Wort Gottes bleibt in Ewigkeit. Das ist meine Erfahrung, sie macht mein Leben unendlich reich.

Als ich heute früh erwachte, stand das Wort »Heimsuchung« vor meiner Seele. Bald darauf bekam ich einen Herzkrampf. Seit meiner Krankheit vor elf Jahren ist neben anderen Beschwerden besonders er mir als Pfahl ins Fleisch gegeben. In längeren oder kürzeren Abschnitten wiederholt er sich, wie es der Herr gut für mich findet. Er will mich im Glauben üben; Gott, die Liebe, kann nur lieben! Seine Verheißung: »Ich bin bei dir«, macht mich innerlich still, ganz still. Ich blicke auf das Kreuz, wohin Jesus auch meine Schmerzen getragen hat. O, nur kein Versager sein und dem Feind kein Lachen bereiten, wenn Gott unseren Glauben prüfen will! Solche Zeiten sind für mich Gethsemanestunden; da steht man auf heiligem Boden. Dort hat die verfluchte Erde den Blutschweiß meines Erlösers getrunken und wurde dadurch wieder mit Gott versöhnt; dort hat er auch den Kampf für mich gekämpft. Das göttliche Muß, das er schon als zwölfjähriger Knabe erkannte und bejahte, das ihn an seinen Vater gebunden hielt, das hat ihm im heißen Todeskampf durch den ewigen Geist Kraft verliehen, mit einem »Ja, Vater, Dein Wille geschehe« sich als Opferlamm auch für mich dem Vater auf den Altar zu legen. Tod und Hölle waren nun besiegt. Auch für mich hat Jesus den Sieg errungen und mit diesem Sieg allem Leid, aller Trübsal und Krankheitsnot in meinem Leben die Spitze abgebrochen. Darum weiß ich mich immer in ihm geborgen. Sterben ist zwar kein Kinderspiel; aber ohne Tod kein Auferstehen mit Christus und kein Ostersieg.

Durch den Herzkrampf wurde ich nach Gethsemane versetzt — wir leben eben in der Passionszeit —, dort weile ich so gern im Geiste, wenn ich mich in großer körperlicher Schwachheit befinde und doch meinen häuslichen Pflichten nachkommen muß. Da flehe ich: »Laß mich in deine Leidensnächte schauen und mit dir lernen Gott vertrauen!« In solchen Läuterungszeiten darf ich immer tiefer in mein Herz blicken und noch vieles, was nicht feuerfest ist und dem Herrn in meinem Leben mißfällt, entdecken. Da habe ich nur die eine Bitte:

Herr, öffne mir die Herzensgründe,
ob nicht eine Lieblingssünde
heimlich noch darinnen lebt,
ob nicht irgend noch ein Götze,
neben Dir sich noch erhebt!

Aber nun zum ersten Gedanken beim Erwachen heute morgen zurück: »Heimsuchung!« Betend und sinnend stand ich vor diesem Wort, und es wurde mir klar, daß das die Überschrift für einen neuen Abschnitt sei.

Mich hatte der Herr ja längst heimgesucht und heimgeliebt ans Vaterherz; aber der Herr Jesus sagt: »Eine jegliche Rebe an mir, die Frucht bringt, wird mein Vater reinigen, daß sie mehr Frucht bringe.« Dadurch will der Herr nur tiefer in seine Leidensgemeinschaft führen und seinem Bilde ähnlich machen. Der Apostel Paulus schreibt an seine Korinther: »Ich bin überschwenglich in Freuden in aller Trübsal.« Und Tersteegen sagt so schön: »Es ist ein Tröpflein Seligkeit mehr als ein Meer von Leid zu achten.« Zu diesen fröhlichen Leuten dürfen wir durch Gottes Gnade auch gehören.

Nun habe ich, ohne daß ich es eigentlich wollte, mein Geheimnis preisgegeben. Herr, decke mich mit Deinem teuren Blute und laß mich hinabgesenkt sein! Vielleicht darf mein Erleben dem einen oder dem anderen Leser Aufschluß und Trost in schweren Stunden und Krankheitsnöten sein und ihn Ruhe und Bergung am liebenden Vaterherzen finden lassen.

Heimsuchung

Gott hat tausend Weisen, uns heimzusuchen und heimzubringen an sein Vaterherz. Ein ganzes Menschenleben lang geht ihm dabei die Geduld nicht aus. Auf einem Kalenderzettel las ich einmal unter anderem: »Nicht seine Schuld ist es, daß du so *schwer* heimzusuchen bist«, ja, so schwer! Ganze Heere hatte er dazu aufgeboten. Das Gefürchtete war da, und niemand konnte ihm entrinnen. Wie eine Sturmflut drangen die Feinde von allen Seiten in unser Land. Es gab kein Entfliehen – wohin auch? War doch die ganze Welt gegen uns. So tief hat Gott uns demütigen müssen. Wer schlug mit uns schuldbewußt an die Brust?

Die Klugen suchten, was ihnen möglich war, vor dem Feind zu bergen und zu sichern. Nicht immer ist es ihnen gelungen, sehr oft mußten sie das Gegenteil erleben. Wir hatten es gut; wir wußten uns und das Unsere unter des Allmächtigen Schutz. Wir hatten auch vorher vor den Bomben nichts zu schützen gesucht und hatten nicht umsonst vertraut.

Die Häuser füllten sich mit Soldaten. Plündern, Zerstören und was sonst noch dazugehört, mußte man ungehindert geschehen lassen. Wir blieben von allem verschont. Es war, wie wenn der Herr eine feurige Mauer um uns erbaut hätte.

Ich erwähnte schon einmal, daß wir allein im Hause waren. Es war alles stillgelegt; die Praxisräume waren geschlossen. Von unseren drei Zimmern wurde eins beschlagnahmt. Es lag eine Treppe tiefer. Wir ließen die Einrichtung mit den neuen Möbeln und allem genauso stehen, wie es stand. Man riet uns, nicht so unvernünftig zu sein; man sehe ja, wie die Soldaten hausen, wir sollen wenigstens einen Offizier beantragen. Wir sagten: »Unser Vater weiß, wer in dieses Zimmer paßt.« Ein sehr netter, anständiger Offizier zog ein. Er freute sich über sein schönes, gemütliches Zimmer und meinte: »Haben Sie nicht Angst, daß Ihre Sachen eines schönen Tages verschwinden?«

Meine Tochter sagte: »Wir vertrauen Ihnen, denn wir haben keine Feinde.« Er war im Lazarett tätig und tage-, ja oft wochenlang nicht zu Hause. Des öfteren überließ er sein Zimmer vorübergehend fremden Offizieren, wenn sich anderweitig kein Quartier für sie fand; aber nie fehlte etwas von unseren Sachen, die leicht hätten mitgenommen werden können.

Später machten wir auch andere Erfahrungen, doch blieben uns unsere eigenen Sachen immer erhalten. Oft saßen wir beisammen und bewunderten Gottes bewahrende Gnade, wenn wir sahen, wie die Möbel aus anderen Häusern einfach geholt und weggeführt wurden. Wir prüften und fragten uns: Wenn unsere Sachen weggeholt würden, verlören wir dann nichts, wären sie wirklich Vaters Eigentum? Wir wollten nie im unklaren über uns selber sein; denn Gott prüft Herz und Sinn und hat Lust zur Wahrheit, die im Verborgenen liegt, und wert waren wir es gewiß nicht, daß Gott eine Ausnahme mit uns machte. O, wenn wir es mit der Selbstprüfung und mit unseren Worten doch genauer nähmen und uns nicht so sicher fühlten! Dann blieben uns und anderen manches Herzeleid und manche Enttäuschung erspart, auch manche schwere Heimsuchung.

Man hätte meinen sollen, all die Not hätte die Menschen weich und für das Gute wieder empfänglicher gemacht; aber meist war das Gegenteil der Fall. Der Prophet Jeremia klagte: »O daß meine Augen Tränenquellen wären, zu beweinen die Tochter meines Volkes!« Diese tiefe Betrübnis erfüllte alle gottesfürchtigen Herzen.

Unsere Brüder und Väter zogen als Gefangene im eigenen Land in endlosen Reihen durch die Straßen, oft an ihrem eigenen Hause vorbei, müde, hungrig, durstig, hoffnungslos. Das Ende des Marsches war immer das naheliegende Lager, in dem bisher unsere gefangenen Feinde untergebracht waren und es gut gehabt hatten. Einmal waren dreitausend Mann wie eine Herde Schafe zusammengepreßt, tagelang der heißen Sonnenglut ausgesetzt, bis sie registriert waren und weiterbefördert wurden.

Ich erinnerte mich zurück an Belgrad, wie die gefangenen Bulgaren durch die Stadt getrieben wurden. Es waren fremde Menschen für mich gewesen, und doch hatte mich tiefes Mitleid für diese Armen erfaßt, die ja nichts verbrochen hatten. Nie hätte ich gedacht, daß unsere eigenen Väter und Brüder im eigenen Land einmal als Gefangene marschieren müßten.

Wir lagen stets auf der Lauer, ob wir nicht vorbeimarschierende gefangene Deutsche erquicken könnten und trugen zusammen, was wir irgend vermochten. Die Wachen ließen uns gewähren; aber — was war das unter so viele! Das Herz wollte uns fast brechen über den vielen Händen, die sich immer vergebens ausstreckten. Einmal geschah es, daß gerade vor unserem Haus ein Auto mit Gefangenen hielt; schnell bereiteten wir Getränke, um ihren Durst zu stillen, und brachten ihnen hinaus, was wir im Hause hatten. Ein andermal jedoch kamen wir in Not. Ein Flüchtling, den wir aufgenommen hatten, hatte in einen Wagen mit deutschen Gefangenen eine Schachtel Zigaretten aus dem Fenster geworfen. Gegenüber lag die französische Kommandantur. Die Offiziere, die es von dort aus beobachtet hatten, kamen sofort ins Haus und wollten zur Strafe einen Radioapparat requirieren; doch zum guten Glück hatten wir gar keinen im Besitz.

Wir fürchteten uns nicht. Unsere Obrigkeit war und blieb der Herr wie immer. Furchtlos sahen wir allem und allen ins Auge. Von den Schätzen der Menschen begehrten wir nichts; hatten wir doch immer, was wir brauchten, und was wir nicht hatten, das brauchten wir nicht, und waren dabei glücklich.

In diesen Wochen konnte man deutlich beobachten, wie jeder Mensch die Dinge in *dem* Licht sieht, in dem er lebt. Die Verhältnisse waren so recht dazu angetan, das Verborgene der Menschenherzen zu offenbaren. Viele Menschen beugten sich lieber vor dem Feind, um sicher zu sein, oft auch um irdischen Vorteils willen. Ich möchte über niemand den Stab brechen — Hunger tut weh —; aber ich möchte nur immer wieder darauf hinweisen, daß bei Gott kein Bittender leer ausgeht. Die Schrift sagt in Jeremia 17, 5: »Verflucht ist der Mann, der sich auf Menschen verläßt und Fleisch für seinen Arm hält und mit seinem Herzen vom Herrn weicht.« Wir verließen uns auf den lebendigen Gott, der ja doch in allem das letzte Wort spricht.

Gott überließ uns der Hand unserer Feinde. Völlig wehrlos waren wir ihnen ausgeliefert; aber er wachte über uns, und ohne seinen heiligen Willen durfte uns nichts geschehen. Allmählich kam das Leben wieder in eine geregelte Bahn. Alle waren trotz der knappen Versorgung froh, daß das Zerstören und Morden aufgehört hatte und die Männer wieder an ihre Arbeit gehen konnten. Es war schon genug Grund zum Danken vorhanden. Auch hatte man Zeit zur Einkehr und Selbstprüfung, denn die Ereignisse überstürzten sich nicht mehr. Gott wartete, ob er uns dürfte gnädig sein. Allerorts wurde Buße gepredigt, aber sie weckte kein Schuldbewußtsein; denn die Einsicht fehlte. Nur kleine Häuflein waren landauf, landab, die von Herzen bekannten: Wir haben gesündigt und sind ungehorsam gewesen, darum hast Du uns auch billig nicht verschont.

An ernstem Fleiß ließ es unser Volk nicht fehlen, es blieb nicht mutlos am Boden liegen, sondern suchte wieder hochzukommen; freilich ohne Gott. Es sagte nicht: »Kommt, wir wollen wieder zum Herrn! Denn er hat uns zerrissen, er wird uns auch heilen; er hat uns geschlagen, er wird uns auch verbinden. Er macht uns lebendig nach zwei Tagen; er wird uns am dritten Tage aufrichten, daß wir vor ihm leben werden.« (Hosea 6, 1. 2.) Darum kam es in ein falsches Fahrwasser und wurde vom Sichtbaren erneut so verstrickt, daß es gegen das Göttliche blind blieb. Es hat sich nicht heimsuchen lassen ans Vaterherz.

Mit der Gier nach Geld und Besitz wurde es schlimmer als je zuvor. Man mußte wahrnehmen, daß die Besitzenden ihrerseits von ihrem Besitz besessen waren. Ein »Sicherer« sagte in jener Zeit: »Geld beruhigt.« Wie freuten sich die Menschen über jeden durch den Krieg durchgeretteten Besitz! Da kam die neue Währung, wodurch das ganze Volk gleich arm und gleich reich gemacht wurde. Allerlei konnte man erleben; manche Szenen spielten sich ab. Arme, arme Menschen, die wieder alles verloren und in den Wind gearbeitet hatten, weil sie das höchste Gut nicht besaßen! Wer noch so arm und einsam war, aber einen Vater im Himmel hatte, der durfte auch seine gnädige Durchhilfe reichlich erfahren und hatte immer nur zu danken, daß Gott reich ist über alle, die ihn anrufen, über alle, die ihn mit Ernst anrufen. Wie noch nie in meinem Leben durfte ich Gottes Wort und Verheißungen so bestätigt finden.

Wenn ich heute diese Vorgänge im göttlichen Lichte betrachte, muß ich bekennen, daß ich oft lieblos war und nicht verstehen konnte, wie die Menschen so blind sein konnten, daß ich es an der wahren Liebe fehlen ließ und kein Wegweiser mehr für die sein konnte, die unsicher in sich selber geworden waren. Ich vergaß, daß alles Gnade ist und Gott auch das Vermögen zum Überwinden in uns wirken muß. Der Herr hat mir vergeben und es mir nicht zugerechnet. Mein Dank war und soll immer mehr sein, daß ich mich täglich mehr im Lieben und Dienen übe, so wie es mein Meister tat.

Der Herr Jesus sagt: »Wachet!« Ich glaube, wir stehen schon in der dritten Nachtwache, und der Bräutigam verzieht. »Komm, Herr Jesu, komme bald!« O, daß der Herr uns wachend und an der Arbeit finden möge, damit wir die Verheißung, die er uns gegeben hat, erlangen!

Auf daß ich mich nicht überhebe!

Bis zu meinem 68. Lebensjahr durfte ich auf Glaubenshöhen wandeln. Auch in den schwersten Krankheitsnöten war der Herr mein Arzt gewesen, hatte er seine Wunderkraft an meinem sterblichen Fleische bezeugt. Immer war ich getrost gewesen und hatte mich in meines treuen Vaters Händen geborgen gewußt. Manchmal war ich schnell gesund geworden, manchmal hatte es auch länger gedauert, bis der Herr sein Machtwort sprach. Ich hatte in seinem Liebeswillen geruht und immer still warten können; denn die Freude, daß der Herr mich zu seiner Zeit anrühre, hatte mir nichts rauben können. Gott arbeitet nicht nach Schablonen. Von Moab heißt es: »Er ist nie von einem Faß ins andere gegossen worden; darum ist ihm auch sein Geschmack geblieben.«

Der Herr kannte mein Herz gut und wußte, was mir noch fehle. Der Mensch gewöhnt sich ja an alles und nimmt zuletzt auch das Gute als selbstverständlich an. Ich hatte, ohne daß ich es wußte, den großen Fehler an mir, daß ich meinte, die Kranken müßten ebenso hart gegen sich sein, wie ich gegen mich selber war. Außerdem war ich hochmütig, ohne daß ich es wußte. Weil mein Heiland mich unaussprechlich liebt, wollte er mich auch von diesem Schaden heilen.

Zu Neujahr 1948 bekam ich das Los aus Psalm 71, 20: »Du lässest mich erfahren viele und große Angst und machst mich wieder lebendig und holst mich wieder aus der Tiefe der Erde heraus!« — Herr, durch was oder durch wen wirst Du mir wohl viele und große Angst bereiten? Mach mich treu und laß mich wachsam sein!

Bald bekam ich ein Leiden, das ohne Aufschub operiert werden sollte. Ich war wie vom Blitz getroffen. Darauf war ich nicht gefaßt. Soll nun, nachdem Du mich bis heute so wunderbar geführt hast und Dir nichts unmöglich war, mein Platz in einer Klinik und unter dem Messer sein? Nein, Herr, das willst Du nicht von mir. Da würde der Glaube der Menschen, die an mir schon so viele Gnadenwunder gesehen haben, ja zuschanden werden. Immer hast Du mich ohne Arzt und ohne Messer gesund gemacht; sollte Dir etwas unmöglich sein? Erbarme Dich meiner! Dies sagte ich auch dem Arzt. Er meinte aber, diesmal könne es vielleicht auch anders gehen. Das hörte ich jedoch nicht. Mir ging's wie den Jüngern, wenn Jesus ihnen von seinem Leiden und Sterben sagte; darauf waren sie gar nicht eingestellt. Sie wollten doch mit ihrem Meister im neuen Königreich regieren.

Es geht nicht ohne Kampf und Schmerzen, wenn das fromme Eigenleben ins Grab gesenkt werden soll. Liebe Freunde verbanden sich mit uns im Gebet vor dem Herrn; täglich warteten wir auf seine Hilfe. Meine Lieben waren voll Glaubenszuversicht. Ich verriet nicht, daß der Herr mir schwieg. Obwohl ich täglich dankte, glaubte und vertraute, kam keine Freudigkeit des Erhörtseins in mein Herz. Ich kannte mich selbst nicht mehr. Immer wieder untersuchte ich mein Leben, wo ich den Herrn betrübt haben könnte, daß er mir nicht antwortete; aber er zeigte mir nichts und schwieg. Ich hielt ihm alle seine Verheißungen vor und zählte alle seine Wunder, die er schon an mir getan; aber er schwieg. Da kam Karfreitag. Ich war über die Festtage allein. Der Herr hielt auch alle Besuche fern. Ich konnte mich so recht im Wort versenken. Jesu Kampf in Gethsemane gab mir Licht in meine Finsternis; aber es brauchte lange, bis ich begriff, daß mein Weg über Golgatha gehe, wo auch ich vor der Welt zuschanden werden müsse. Ich kämpfte weiter. Schlaflose Nächte, Schmerzen und Ungewißheit quälten mich. Täglich wurde ich elender. Ich verbarg meinen Zustand, so gut ich konnte; darin war ich ja von Jugend auf geübt. Das ging drei Monate so.

Eines Tages sagte meine Tochter bei Tisch ganz unvermittelt: »Mutter, wie siehst du denn aus? Geht es dir nicht gut? Bist du deiner Sache nicht mehr sicher?« —

Unbedacht entfuhr meinem Munde: »Vielleicht hätte ich mich doch operieren lassen sollen.«

Sie war sprachlos: »So sieht's in dir aus! Nun will ich aber sogleich zu unserem väterlichen Freund gehen.«

Sie beteten zusammen und baten den Herrn, er möge ihnen binnen drei Tagen einen klaren Weg zeigen. Glücklich kam sie nach Hause. Dann handelten wir nach Jakobus 5 und waren zu jedem Weg bereit.

Am dritten Tag machte der Herr mich willig, meinen Isaak mit allen seinen Verheißungen zu opfern und auf den Altar zu legen. Eine große Freudigkeit kam über mich, dem Lamme zu folgen, wo immer es mich hinführe.

Ich liebe Dich und geb' zum Opfer mich
und lasse williglich Dich mit mir machen.

Herr, Du hast auch die Verantwortung über die Seelen, die nun an mir enttäuscht werden und sagen: »Wo ist nun ihr Gott?« – Golgatha – Golgatha!

Das ereignete sich am ersten Tag nach der Währungsreform. Ich wußte, daß die Operation und der Aufenthalt in der Klinik viel Geld koste; doch alles klappte. Der Herr ging für mich voran und ordnete mein Geschick. Fröhlich setzte ich mich mit achtzig neuen D-Mark in den Zug. Eine liebe bekannte Schwester holte mich in Tübingen ab. Meine Tochter hatte mich für die zweite Klasse angemeldet. Die Schwester meinte: »Das kostet aber viel Geld, das kann deine Tochter wohl kaum erschwingen. Vor drei Monaten wäre es kein Problem gewesen.« Ich lehnte mich an ein Geländer und sagte nur: »Sorget nichts!«

Gott lenkt die Menschenherzen wie Wasserbäche. Ich wußte nicht, wie mir geschah. Der Herr Professor nahm sich selber um mich an. Als er hörte, daß ich schon vor einem Vierteljahr dagewesen und unverrichteter Dinge wieder nach Hause gegangen war, fragte er: »Hatten Sie kein Vertrauen zu uns?«

»Gewiß, sonst wäre ich jetzt nicht hier; aber ich hatte keine Klarheit über den Weg, und im Dunkeln reist man nicht!«

»Nun«, meinte er, »Sie denken wohl, daß jetzt die rechte Zeit ist?«

Mit voller Überzeugung sagte ich : »Ja!«

Nun war ich sein Patient. Wie wunderbar der Herr alles fügte, kann ich nicht in Worte fassen, auch nicht niederschreiben. Sichtbar waltete Gottes Hand über allem. Mein Geld brauchte ich nicht einmal alles. Mit dankerfülltem Herzen, fröhlich und getrost fuhr ich wieder nach Hause. Wer will mit mir Gottes Wunderwege anbeten, die in große Tiefen und durch seiner Liebe Macht wieder auf Glaubenshöhen führten?!

Als Jesus in der letzten Nacht, da er verraten ward, seinen Jüngern den Kelch reichte mit den Worten: »Das ist der Kelch des Neuen Testaments in meinem Blute, das für euch vergossen wird«, da ahnten sie noch nicht, daß er sie durch diesen Trank der Gemeinschaft seiner Leiden einverleibt hatte und daß sie durch die Kraft dieses vergossenen Blutes fähig wurden, dem Lamm zu folgen, wo es sie hinführen will. Sie mußten in Jerusalem bleiben, an dem für sie gefährlichsten Platze. Dort in der Stille, hinter verschlossenen Türen erwarteten sie die Verheißung. Pfingsten erfüllte sich, und sie wurden angetan mit Kraft aus der Höhe.

Gott hat mein Losungswort in jenem Jahre buchstäblich wahrgemacht. Durch viele und große Angst hat er mich gehen lassen, mich wieder lebendig gemacht und aus der Tiefe der Erde herausgeholt. Auch das Wort aus Psalm 18 hat er an mir wahrgemacht: »Du gibst mir den Schild Deines Heils; Deine Rechte stärkt mich, und wenn Du mich demütigst, machst Du mich groß.«

Manchmal hatte mich der Feind anfechten wollen und gesagt: »Was wird aus dir, du Tor, wenn du ins Krankenhaus gehen oder gar operiert werden mußt? Womit bezahlst du dann? Du hast ja nichts hinter dir, keine Versicherung, kein Vermögen, keine Krankenkasse. Du bist auch nicht besser als die andern. Dein Gott macht dir keine Ausnahme; beug dein stolzes Herz!« In der frohen Zuversicht, daß der Herr das nie zulassen werde, wies ich den Feind immer ab, und nun sollte der Feind triumphieren — gerade jetzt, acht Tage nach der Währungsreform, da ich von niemand Hilfe erwarten konnte? »Unmöglich, Herr, das kannst du nicht zulassen!«

Den Kampf, den ich in diesen drei Monaten bestehen mußte, wollte ich niemandem wünschen; ich möchte ihn aber in meinem Leben auch nicht missen. Weil Jesus mich so unaussprechlich liebt, wollte er für mich auch noch diesen Feind, der meine Seele bedrohte, besiegen und überwinden. Mein Herr, dem alles zu Gebote steht, hat dem Feind bewiesen, daß er allmächtig ist und seine Kinder, die ihm einfältig vertrauen, nie zuschanden werden läßt. Ob dieser Siegesfreude über den Feind stimmen mit mir alle Heiligen und selig Vollendeten in das ewige Halleluja ein. »Lob, Ehre, Preis, Anbetung, Macht und Herrlichkeit sei dem, der da war, der da ist und der da kommt, dem Allmächtigen und dem Lamm!«

Lieber Leser, stimmst du auch mit ein?

Die gesegnete Mutter Eva von Thiele-Winkler hatte über ihrem Schreibtisch einen selbstverfaßten Vers hängen, den ich vor Jahren aus- und inwendig lernte:

Ich liege, Herr, vor Deinem Angesicht,
ein leeres Blatt, das Deiner Züge harrt,
und warte, was die ew'ge Weisheit spricht
und was Dein heil'ger Geist mir offenbart!

Dieses Büchlein niederzuschreiben, fiel mir schwer; aber der Geist Gottes ließ mir keine Ruhe, bis ich getrost begann. Immer und immer wieder mußte ich wie beim Briefschreiben mit obiger Bitte vor den Herrn treten. Jesus Christus, meinem Herrn, übergebe ich nun die Verantwortung; er möge es versehen und durch seinen heiligen Geist mein einfaches Zeugnis beleben, daß alle, die dieses Büchlein lesen, auch erfahren dürfen:

Wo Jesus Christus ist und bleibt der Herr,
wird's alle Tage herrlicher!

Das Zeugnis des Apostels Johannes im ersten seiner Briefe soll der Ausklang meiner Lebensbeschreibung sein:

»Das da von Anfang war, das wir gehört haben, das wir gesehen haben mit unseren Augen, das wir beschaut haben und unsere Hände betastet haben, vom Wort des Lebens –

und das Leben ist erschienen, und wir haben gesehen und bezeugen und verkündigen euch das Leben, das ewig ist, welches war bei dem Vater und ist uns erschienen«, auch *mir* erschienen

in der rauhen Wirklichkeit des Alltags,

in Anfechtungen und Versuchungen,

in Krankheit und Todesnot;

denn:

»Alle Gottesverheißungen sind Ja in ihm und sind Amen in ihm, Gott zu Lobe durch uns!«

*

Dora *Gall*, geborene *Reyer*, wurde am 2. Januar 1880 in Waldhausen bei Geislingen an der Steige geboren. Sie verheiratete sich im April 1903 mit Hermann *Gall* in Esslingen am Neckar. Im April 1904 kam die Tochter auf die Welt. Ihr Mann starb am 25. Dezember 1904, in der auf das Christfest folgenden Nacht.

Mit 70 Jahren verfaßte sie ihre Selbstbiographie, ohne je im Leben Tagebuch geführt oder Notizen gemacht zu haben. Die ersten Auflagen ihres Buches, noch zu ihren Lebzeiten veröffentlicht, sind ohne Namensnennung gedruckt worden. Bei einem Neudruck, nach dem Tode der Verfasserin, erschien es angebracht, den Namen der Verfasserin nicht länger zu verschweigen. Darüber hinaus wurde ihr Lebensbericht noch durch weitere Namensangaben, soweit sie dem Leser von Wert sein mochten, vervollständigt.

Ein Jahr vor ihrem Tode hat sich die Tochter verheiratet und ihre Mutter zu sich genommen. Dieses im Haushalt der Tochter verbrachte letzte Lebensjahr war eine sehr glückliche Zeit für sie. Sie sagte oft: »Hat es auch jemand so gut wie wir?«

Zeitlebens war die Verfasserin körperlich elend gewesen. Obwohl sie mit aller Liebe umgeben wurde, wurde sie doch im Lauf dieses Jahres immer elender. Zwölf Tage vor ihrem Heimgang legte sie sich. Während ihrer letzten Krankheit mußte sie wie alle Herzkranken sehr schwere Tage und Nächte durchmachen. Nie in ihrem Leben hat man sie klagen hören. Wenn man sich nach ihrem Befinden erkundigen wollte, dann ging es ihr immer gut, wiewohl sie einmal gestand, wenig schmerzfreie Stunden in ihrem Leben gehabt zu haben. »Es geht mir viel besser, als ich es verdiene«, war ihre ständige Rede. Oftmals konnte sie sagen: »Alle guten Gaben, alles, was wir haben, alles, auch was uns nicht gefällt, kommt, o lieber Gott, von Dir; ich danke Dir dafür.«

Am Morgen des 1. Januar 1953, dem Tag vor ihrem 73. Geburtstag, ist sie heimgegangen. Sie war immer eine auf die Wiederkunft des Herrn Wartende und darf nun schauen den, dem sie ihr ganzes Leben lang

nicht umsonst vertraut hat.